Marx zum Vergnügen

D1928469

Marx zum Vergnügen

Herausgegeben von
Bert Sander

Mit 9 Abbildungen

Philipp Reclam jun. Stuttgart

Meinen Eltern

RECLAMS UNIVERSAL-BIBLIOTHEK Nr. 18854
Alle Rechte vorbehalten
© 2012 Philipp Reclam jun. GmbH & Co. KG, Stuttgart
Umschlagillustration: Nikolaus Heidelbach, Köln
Umschlaggestaltung: Eva Knoll, Stuttgart
Gesamtherstellung: Reclam, Ditzingen. Printed in Germany 2012
RECLAM, UNIVERSAL-BIBLIOTHEK und
RECLAMS UNIVERSAL-BIBLIOTHEK sind eingetragene Marken
der Philipp Reclam jun. GmbH & Co. KG, Stuttgart
ISBN 978-3-15-018854-5
www.reclam.de

Inhalt

Vorwort

> Wäre Marx in der Tat der langweilige Musterknabe gewesen, den die Marxpfaffen in ihm bewundern, so hätte es mich nie gereizt, seine Biographie zu schreiben. Meine Bewunderung wie meine Kritik – und zu einer guten Biographie gehört die eine wie die andere in gleichem Maße – gilt dem großen Menschen, der nichts häufiger und nichts lieber von sich bekannte, als dass ihm nichts Menschliches fremd sei.
>
> Franz Mehring, *Karl Marx. Geschichte seines Lebens* (1918)[1]

Marx machte ungern Zugeständnisse, er verachtete Halbheiten, er meinte es ernst. Vielleicht lag es gerade an diesem Furor, an dieser »Empörung gegen die Welt«, dass er nicht ohne einige Grobheiten auskam. Vergnüglich macht seine Texte jene Mixtur aus scharfzüngigem Verstand, beißendem Hohn, Spott und wohlkalkulierten Gemeinheiten.

Marx ging weder mit seinen Feinden noch mit seinen Freunden zimperlich um. Die einstigen philosophischen Weggefährten, die Junghegelianer um Bruno Bauer (1809–1882), Ludwig Feuerbach (1804–1872), Max Stirner (1806–1856) u. a., wurden von Marx und

1 Franz Mehring, *Karl Marx. Geschichte seines Lebens* (1918), Essen 2001, S. 18 (Vorwort).

seinem Freund Friedrich Engels (1820–1895) in den frühen Schriften *Die deutsche Ideologie* (1845/46, seinerzeit unveröffentlicht) und *Die heilige Familie, oder Kritik der kritischen Kritik* (1845) entweder als idealistische Traumtänzer oder als eklektische Flickschuster barsch abgekanzelt. Mit seiner Kritik gegen »Bruno Bauer & Consorten« startete Marx seine Rebellion gegen die »Oberherrlichkeit des Geistes«[2].

Selbst den politisch Verbündeten stand er unnachgiebig, ja erbarmungslos gegenüber: Wilhelm Liebknecht (1826–1900) zum Beispiel herrschte er meist nur übellaunig an. Mit einer geradezu ehrabschneidenden Härte formulierte Marx: »Liebknecht hat das Talent, *die dümmsten Leute* von Deutschland um sich zu gruppieren« (s. S. 122). Das »feurige Wilhelmchen« (an Engels, 25. September 1868), das »Vieh« (s. S. 122), das »Biederrindvieh« (s. S. 124, und entsprechend Engels: »Indessen was versteht die Kuh vom Sonntag«, Brief an Marx, 25. Juli 1859) musste der Arme sich von Marx nennen lassen; nicht von ungefähr daher Liebknechts Reaktion: »Wenn du Lust hast, Jemanden vor den Kopf zu stoßen, suche dir für den Zeitvertreib nicht gerade Deine Freunde aus« (Brief von Wilhelm Liebknecht an Marx, 25. Januar 1865).

2 Karl Marx / Friedrich Engels, *Die deutsche Ideologie. Kritik der neuesten deutschen Philosophie in ihren Repräsentanten, Feuerbach, B. Bauer und Stirner, und des deutschen Sozialismus in seinen verschiedenen Propheten* (MEW 3,47).

Liebknecht hatte bei Marx verspielt, spätestens nachdem er nicht mehr die »Lassalleaner« als Hauptfeind bekämpfte, ja, sogar dazu übergegangen war, mit ihnen gemeinsame Sache zu machen.

Marx hatte sich in seinem Londoner Exil, in dem er ab 1849 mit wenigen Unterbrechungen bis zu seinem Tod im Jahr 1883 hauste, offensichtlich weit von den sozialdemokratischen Gruppierungen in Deutschland entfernt. Engels bemerkte gegenüber Marx am 25. Juli 1859 dementsprechend: »Die Herren sind so daran gewöhnt, dass wir für sie denken [...].« Fremdheit und Abstand sind überdeutlich. August Bebel (1840–1913) bezeichnete einen Besuch bei Marx in London gar als »Canossagang« – als ob er zum Papst reisen und um Vergebung seiner Sünden bitten müsse. Auch kam die Beziehung zu Ferdinand Lassalle (1825–1864), immerhin der wohl wichtigste Wortführer innerhalb der ersten sozialdemokratischen Parteiorganisation in Deutschland, nämlich dem 1863 gegründeten Allgemeinen Deutschen Arbeiterverein (ADAV), nie ins rechte Gleis. Marx war voller Argwohn gegenüber diesem »Kerl« (s.S. 114), diesem »ganz communen Schuft« (wie Engels in dem Brief an Marx vom 27. Januar 1865 beipflichtete) oder »gespreizten Affen« (an Engels, 9. Februar 1860), der nicht wie er selbst ins Exil getrieben wurde, sondern in Deutschland doch recht angesehen und kommod leben durfte.

Das Verhältnis zum russischen Anarcho-Revolutionär Michail Alexandrowitsch Bakunin (1814–1876) war, ebenso wie die Beziehung zu Lassalle, so aussichtslos verwickelt wie widerspruchsvoll. Bakunin: »Marx hat den leidenschaftlichen Wunsch, seine Ideen, das Proletariat und mit diesem seine eigene Person siegen zu sehen.«[3] Die von Bakunin 1868 in Genf gegründete internationale Organisation der Anarchisten, die »Alliance de la Démokratie Socialiste«, beschimpfte Marx als »Scheiße« voller »L'idéalisme Russe!« (an Friedrich Engels, 15. Dezember 1868). Riskierte in der Folgezeit jemand gegenüber Marx auch nur leise Sympathien für Bakunin zu zeigen, wie etwa seine Schwiegersöhne Paul Lafargue (1842–1911) und Charles Longuet (1839–1903) es zu tun wagten, sollte es gehörig »Prügel« setzen.

Angesichts derart rücksichtsloser Attacken ist es kein Wunder, dass sich Marx seinerseits entsprechend harsche Beurteilungen einhandelte: Der deutsche Schriftsteller und Hegelianer Moriz Carrière (1817–1895) fasste die Meinung vieler zusammen: »Marx ist ein höchst geistvoller, aber schroffer Mann, der große Diktatorgelüste hat, und von dem Heine sagt: Indes ist der Mensch bei alledem wenig, wenn er nichts als ein Scheermesser ist« (an K. Varnhagen von Ense, 11. Oktober 1851). Doch wie es selten

3 nach Fritz J. Raddatz (Hrsg.), *Mohr an General. Marx und Engels in ihren Briefen*, München 1980, S. 224.

Komplimente gibt ohne Lüge, so finden sich auch selten Grobheiten ohne alle Wahrheit.

Marx war nicht nur in zahllose politische und philosophische Scharmützel verstrickt, geplagt wurde er darüber hinaus von allerlei anderer, eher privater Drangsal: Ein Leberleiden, eitrige Karbunkel, vor allem aber chronischer Geldmangel setzten ihm zu. Er saß ohne Beruf und Einnahmen im Londoner Exil fest und ertrank in Schulden. Bertolt Brecht (1898–1956) soll einmal gesagt haben, dass Marx' Finanzbeschaffungsaktionen an Aufwand und Raffinesse denen eines kleinen, immerfort bankrotten Fürstentums in nichts nachstanden.

Marx' Frau Jenny (geb. von Westphalen, 1814–1881) allerdings wusste um den Grund aller Übel. An den russischen Soziologen Maxim Kowalewski (1851–1916) richtete sie den Appell: »Bitte schicken Sie ihm keine Neuheiten mehr, Herr Kowalewski, mein Karl muss endlich sein ›Kapital‹ zu Ende bringen. Das ist nämlich das einzige Kapital, von dem wir alle und wofür wir alle leben.«[4] Engels konnte dem nur beipflichten. Bereits am 31. Januar 1860 drängte er Marx in einem Brief: »Sei endlich einmal etwas weniger gewissenhaft Deinen eignen Sachen gegenüber; es [Das Kapital] ist immer noch viel zu gut für das Lausepublikum. Dass

4 nach Georg W. Pijet, *Die Bombe unterm Bett. Anekdoten um Marx und Engels und deren Zeitgenossen*, Halle (Saale) 1972, S. 123.

das Ding geschrieben wird und erscheint, ist die Hauptsache; die Schwächen, die Dir auffallen, finden die Esel doch nicht heraus.«[5] Nachdem die Arbeit am Buch dann endlich abgeschlossen worden war, schrieb Engels am 27. April 1867 an Marx:

> »Es ist mir immer so gewesen, als wenn dies verdammte Buch, an dem Du so lange getragen hast, der Grundkern von allem Deinem Pech war und Du nie herauskommen würdest und könntest, solange dies nicht abgeschüttelt. Dies ewig unfertige Ding drückte dich körperlich, geistig und finanziell zu Boden, und ich kann Dich sehr gut begreifen, dass Du jetzt, nach Abschütteln dieses Alps, Dir wie ein ganz anderer Kerl vorkommst.«[6]

Doch abgesehen von all den Kleinkriegen und Alltäglichkeiten stimmt die Lektüre der Marxschen Schriften – bei allem Ernst in der Sache – schlussendlich heiter, denn die Marxsche Philosophie zählt zu einer der wenigen Philosophien überhaupt, die optimistisch die Möglichkeit einer positiven Veränderung der menschlichen, der gesellschaftlichen Verhältnisse vertritt.

5 MEW 30,15.
6 MEW 31,292.

© Bernd Bücking, München

I

»Alles andre ist Faselei« Über Moral, Glaube und andere »Hirngespinste«

[Die Menschen sind] in einem Verfasser und Schausteller ihres eigenen Dramas.

(*Das Elend der Philosophie*)

Die Moral ist die »Machtlosigkeit in Aktion«. So oft sie ein Laster bekämpft, unterliegt sie.

(Marx/Engels, *Die heilige Familie*)

Es ist die alte Illusion, dass es nur vom guten Willen der Leute abhängt, die bestehenden Verhältnisse zu ändern, und dass die bestehenden Verhältnisse Ideen sind [...] Diese ideelle Erhebung über die Welt ist der ideologische Ausdruck der Ohnmacht der Philosophen gegenüber der Welt. Ihre ideologischen Prahlereien werden jeden Tag durch die Praxis Lügen gestraft.

(Marx/Engels, *Die deutsche Ideologie*)

Ideen können nie über einen alten Weltzustand, sondern immer nur über die Ideen des alten Weltzustandes hinausführen. Ideen können überhaupt nichts ausführen. Zum Ausführen der Ideen bedarf es der Menschen, welche eine praktische Gewalt aufbieten.

(Marx/Engels, *Die heilige Familie*)

Es genügt nicht, dass der Gedanke zur Verwirklichung drängt, die Wirklichkeit muss sich selbst zum Gedanken drängen.

(*Zur Kritik der Hegelschen Rechtsphilosophie*)

Die tiefe Heuchelei der bürgerlichen Zivilisation und die von ihr nicht zu trennende Barbarei liegen unverschleiert vor unseren Augen, sobald wir den Blick von ihrer Heimat, in der sie unter respektablen Formen auftreten, nach den Kolonien wenden, wo sie sich in ihrer ganzen Nacktheit zeigen.

(*Die künftigen Ergebnisse der britischen Herrschaft in Indien*)

Man hat eingewendet, mit der Aufhebung des Privateigentums werde alle Tätigkeit aufhören und eine allgemeine Faulheit einreißen.

Hiernach müsste die bürgerliche Gesellschaft längst an der Trägheit zugrunde gegangen sein; denn die in ihr arbeiten, erwerben nicht, und die in ihr erwerben, arbeiten nicht. Das ganze Bedenken läuft auf die Tautologie hinaus, dass es keine Lohnarbeit mehr gibt, sobald es kein Kapital mehr gibt.

(Marx/Engels, *Manifest der Kommunistischen Partei*)

Übrigens ist nichts lächerlicher als das hochmoralische Entsetzen unserer Bourgeois über die angebliche offizielle Weibergemeinschaft der Kommunisten. Die Kommunisten brauchen die Weibergemeinschaft nicht einzuführen, sie hat fast immer existiert.

Unsre Bourgeois, nicht zufrieden damit, dass ihnen die Weiber und Töchter ihrer Proletarier zur Verfügung stehen, von der offiziellen Prostitution gar nicht zu sprechen, finden ein Hauptvergnügen darin, ihre Ehefrauen wechselseitig zu verführen.

(Marx/Engels, *Manifest der Kommunistischen Partei*)

Wenn in der ganzen Ideologie die Menschen und ihre Verhältnisse wie in einer Camera obscura auf den Kopf gestellt erscheinen, so geht dies Phänomen ebensosehr aus ihrem historischen Lebensprozess hervor, wie die Umdrehung der Gegenstände auf der Netzhaut aus ihrem unmittelbar physischen.

(Marx/Engels, *Die deutsche Ideologie*)

Das religiöse Elend ist in einem der Ausdruck des wirklichen Elendes und in einem der Protest gegen das wirkliche Elend. Die Religion ist der Seufzer der bedrängten Kreatur, das Gemüt einer herzlosen Welt, wie sie der Geist geistloser Zustände ist. Sie ist das Opium des Volkes.

(*Kritik der Hegelschen Rechtsphilosophie*)

Die Menschen haben sich bisher stets falsche Vorstellungen über sich selbst gemacht, von dem, was sie sind oder sein sollen. Nach ihren Vorstellungen von Gott, von dem Normalmenschen usw. haben sie ihre Verhältnisse eingerichtet. Die Ausgeburten ihres Kopfes sind ihnen über den Kopf gewachsen. Vor ihren Geschöpfen haben sie, die Schöpfer, sich gebeugt. Befreien wir sie von den Hirngespinsten, den Ideen, den Dogmen, den eingebildeten Wesen, unter deren Joch sie verkümmern. Rebellieren wir gegen diese Herrschaft der Gedanken.

(Marx/Engels, *Die deutsche Ideologie*)

Die kapitalistische Produktion ist wesentlich kosmopolitisch wie das Christentum. Christentum ist daher auch spezielle Religion des Kapitals. In beiden gilt nur der Mensch. An und für sich ist der Mensch so wenig und so viel wert wie der andere. In dem einen hängt alles davon ab, ob er den Glauben, und in dem ande-

Spitzname »Mohr«: der junge Marx, um 1839.

ren, ob er Kredit hat. Außerdem kommt bei dem einen allerdings die Gnadenwahl hinzu. Bei dem anderen der Zufall, ob er von Haus aus Geld hat oder nicht.

(*Theorien über den Mehrwert*)

Der Protestantismus spielt schon durch seine Verwandlung fast aller traditionellen Feiertage in Werktage eine wichtige Rolle in der Genesis des Kapitals.

(*Das Kapital*)

Der Adel selbst war wesentlich verbürgerlicht. Statt in Treue, Liebe und Glauben machte er nun vor allem in Runkelrüben, Schnaps und Wolle. Sein Hauptturnier war der Wollmarkt geworden.

(*Die Bourgeoisie und die Konterrevolution*)

Der *reale Humanismus* hat in Deutschland keinen gefährlicheren Feind als den *Spiritualismus* oder den *spekulativen Idealismus*, der an die Stelle des *wirklichen individuellen Menschen* das »*Selbstbewusstsein*« oder den »*Geist*« setzt und mit dem Evangelisten lehrt: »Der Geist ist es, der da lebendig macht, das Fleisch ist kein Nütze.« Es versteht sich, dass dieser fleischlose Geist nur in seiner Einbildung Geist hat.

(Marx/Engels, *Die heilige Familie*)

Atheismus, [letzte] Stufe des Theismus, der negativen Anerkennung Gottes.

(Marx/Engels, *Die heilige Familie*)

Die Aufhebung der Religion als des illusorischen Glücks des Volkes ist die Forderung seines wirklichen Glücks. Die Forderung, die Illusion über seinen Zustand aufzugeben, ist die Forderung, einen Zustand aufzugeben, der der Illusion bedarf.

(*Zur Kritik der Hegelschen Rechtsphilosophie*)

Die letzte Phase zu einer weltgeschichtlichen Gestalt ist ihre Komödie. Die Götter Griechenlands, die schon einmal tragisch zu Tode verwundet waren im gefesselten Prometheus des Äschylus, mußten noch einmal komisch sterben in den Gesprächen Lucians. Warum dieser Gang der Geschichte? Damit die Menschheit heiter von ihrer Vergangenheit scheide.

(*Einleitung zur Kritik der Hegelschen Rechtsphilosophie*)

Die Waffe der Kritik kann allerdings die Kritik der Waffen nicht ersetzen, die materielle Gewalt muss gestürzt werden durch materielle Gewalt, allein auch die Theorie wird zur materiellen Gewalt, sobald sie die Massen ergreift. Die Theorie ist fähig, die Massen zu ergreifen, sobald sie *ad hominem** demonstriert, und sie demonstriert *ad hominem*, sobald sie radikal wird. Radikal sein ist die Sache an der Wurzel fassen. Die Wurzel für den Menschen ist aber der Mensch selbst. Der evidente Beweis für den Radikalismus der deutschen Theorie, also für ihre praktische Energie, ist ihr Ausgang von der entschiedenen *positiven* Aufhebung der Religion. Die Kritik der Religion endet mit der Lehre, dass der *Mensch das höchste Wesen für den Menschen* sei, also mit dem *kategorischen Imperativ*, *alle Verhältnisse umzuwerfen*, in denen der Mensch ein erniedrigtes, ein geknechtetes, ein verlassenes, ein verächtliches Wesen ist, Verhältnisse, die man nicht besser schildern kann als durch den Ausruf eines Franzosen bei einer projektierten Hundesteuer: Arme Hunde! Man will euch wie Menschen behandeln!

Selbst historisch hat die theoretische Emanzipation eine spezifisch praktische Bedeutung für Deutschland. Deutschlands *revolutionäre* Vergangenheit ist nämlich theoretisch, es ist die *Reformation*. Wie damals der *Mönch*, so ist es jetzt der *Philosoph*, in dessen Hirn die Revolution beginnt.

Luther hat allerdings die Knechtschaft aus *Devotion* besiegt, weil er die Knechtschaft aus *Überzeugung* an ihre Stelle gesetzt hat. Er hat den Glauben an die Autorität gebrochen, weil er die Autorität des

* am Menschen.

Glaubens restauriert hat. Er hat die Pfaffen in Laien verwandelt, weil er die Laien in Pfaffen verwandelt hat. Er hat den Menschen von der äußern Religiosität befreit, weil er die Religiosität zum innern Menschen gemacht hat. Er hat den Leib von der Kette emanzipiert, weil er das Herz in Ketten gelegt.

Aber, wenn der Protestantismus nicht die wahre Lösung, so war er die wahre Stellung der Aufgabe. Es galt nun nicht mehr den Kampf des Laien mit dem *Pfaffen außer ihm*, es galt den Kampf mit seinem *eigenen innern Pfaffen*, seiner *pfäffischen Natur*. Und wenn die protestantische Verwandlung der deutschen Laien in Pfaffen die Laienpäpste, die *Fürsten* samt ihrer Klerisei, den Privilegierten und den Philistern, emanzipierte, so wird die philosophische Verwandlung der pfäffischen Deutschen in Menschen das *Volk* emanzipieren. Sowenig aber die Emanzipation bei den Fürsten, sowenig wird die *Säkularisation* der Güter bei dem *Kirchenraub* stehenbleiben, den vor allen das heuchlerische Preußen ins Werk setzte. Damals scheiterte der Bauernkrieg, die radikalste Tatsache der deutschen Geschichte, an der Theologie. Heute, wo die Theologie selbst gescheitert ist, wird die unfreiste Tatsache der deutschen Geschichte, unser *status quo*, an der Philosophie zerschellen. Den Tag vor der Reformation war das offizielle Deutschland der unbedingteste Knecht von Rom. Den Tag vor seiner Revolution ist es der unbedingte Knecht von weniger als Rom, von Preußen und Österreich, von Krautjunkern und Philistern.

(*Zur Kritik der Hegelschen Rechtsphilosophie*)

Krieg den deutschen Zuständen! Allerdings!

(*Zur Kritik der Hegelschen Rechtsphilosophie*)

[…] man muss diese versteinerten Verhältnisse dadurch zum Tanzen zwingen, dass man ihnen ihre eigne Melodie vorsingt!

(*Zur Kritik der Hegelschen Rechtsphilosophie*)

Als die weitere Entwicklung den Adel gestürzt und die Bourgeoisie mit ihrem Gegensatz, dem Proletariat, in Konflikt gebracht hatte, wurde der Adel devot-religiös und die Bourgeoisie feierlich-moralisch und streng in ihren Theorien, oder verfiel in […] Heuchelei, obwohl der Adel in der Praxis keineswegs aufs Genießen verzichtete und der Genuss bei der Bourgeoisie sogar eine offizielle ökonomische Form annahm – als *Luxus*.

(Marx/Engels, *Die deutsche Ideologie*)

Wegen Julian, nicht Julian dem Grabowiten, sondern Julian dem Apostat, hatte ich kürzlich einen Strauß mit Engels, der, wie ich schon bei Eröffnung des Krakeels wusste, wesentlich im Recht war. Aber so spezifisch ist mein Widerwille gegen das Christentum, dass ich eine Vorliebe für den Apostaten habe und ihn weder mit Friedrich Wilhelm IV., noch mit irgendeinem andren romantischen Reaktionär identifiziert haben mag, selbst nicht mutatis mutandis*. Geht es Dir nicht auch so?

(*An Ferdinand Lassalle, 16. Juni 1862*)

Die Tradition aller toten Geschlechter lastet wie ein Alp auf dem Gehirn der Lebenden. Und wenn sie eben damit beschäftigt scheinen, sich und die Dinge umzuwälzen, noch nicht Dagewesenes zu schaffen, gerade in solchen Epochen revolutionärer Krise beschwören sie ängstlich die Geister der Vergangenheit zu ihrem Dienste herauf, entlehnen ihre Namen, Schlachtparole, Kostüm, um in dieser altehrwürdigen Verkleidung und mit dieser erborgten Sprache die neue Weltgeschichtsszene aufzuführen.

(*Der 18. Brumaire des Louis Bonaparte*)

* mit den notwendigen Abänderungen.

Die deutschen Philosophen sind gewohnt, das Altertum als die Epoche des Realismus der christlichen und neueren Zeit als der Epoche des Idealismus entgegenzustellen, während die französischen und englischen Ökonomen, Geschichts- und Naturforscher gewohnt sind, das Altertum als die Periode des Idealismus gegenüber dem Materialismus und Empirismus der neueren Zeit aufzufassen. Ebenso kann man das Altertum insofern als idealistisch fassen, als die Alten in der Geschichte den »citoyen« repräsentieren, den idealistischen Politiker, während die Neuen zuletzt auf den »bourgeois«, den realistischen ami du commerce*, hinauslaufen – oder auch wieder realistisch, weil bei ihnen das Gemeinwesen »eine Wahrheit« war, während es bei den Neuen eine idealistische »Lüge« ist. So wenig kommt bei allen diesen abstrakten Gegensätzen und Geschichtskonstruktionen heraus.

(Marx/Engels, *Die deutsche Ideologie*)

Daher das ökonomische Paradoxon, dass das gewaltigste Mittel zur Verkürzung der Arbeitszeit in das unfehlbarste Mittel umschlägt, alle Lebenszeit des Arbeiters und seiner Familie in disponible Arbeitszeit für die Verwertung des Kapitals zu verwandeln.

* Freund des Handels.

»Wenn«, träumte Aristoteles, der größte Denker des Altertums, »wenn jedes Werkzeug auf Geheiß oder auch vorausahnend, das ihm zukommende Werk verrichten könnte, wie des Dädalus Kunstwerke sich von selbst bewegten oder die Dreifüße des Hephästos aus eignem Antrieb an die heilige Arbeit gingen, wenn so die Weberschiffe von selbst webten, so bedürfte es weder für den Werkmeister der Gehilfen noch für die Herrn der Sklaven.«*

Und Antipatros**, ein griechischer Dichter aus der Zeit des Cicero, begrüßte die Erfindung der Wassermühle zum Mahlen des Getreides, diese Elementarform aller produktiven Maschinerie, als Befreierin der Sklavinnen und Herstellerin des goldnen Zeitalters! »Die Heiden, ja die Heiden!« Sie begriffen, wie der gescheite Bastiat*** entdeckt hat, und schon vor ihm der noch klügre MacCulloch nichts von politischer Ökonomie und Christentum. Sie begriffen u. a. nicht, dass die Maschine das probateste Mittel

* Zit. nach F. Briese, *Die Philosophie des Aristoteles*, Bd. 2, Berlin 1842, S. 408.

** Antipatros (397–319 v. Chr.), makedonischer Feldherr unter Philipp von Makedonien und dessen Sohn Alexander dem Großen. Nach dem Tod Alexanders zählte er zu den Diadochen, die um die Nachfolge Alexanders des Großen kämpften.

*** Frédéric Bastiat (1801–1850), französischer Ökonom und Politiker, gilt als bedeutender Vertreter des Liberalismus und des sog. »optimistischen Harmoniegedankens«.

zur Verlängerung des Arbeitstags ist. Sie entschuldigten etwa die Sklaverei des einen als Mittel zur vollen menschlichen Entwicklung des andren. Aber Sklaverei der Massen predigen, um einige rohe oder halbgebildete Parvenüs zu »eminent spinners«, »extensive sausage makers« und »influential shoe black dealers«* zu machen, dazu fehlte ihnen das spezifisch christliche Organ.

(*Das Kapital*)

Die Philosophie, vor allem die deutsche Philosophie, hat einen Hang zur Einsamkeit, zur systematischen Abschließung, zur leidenschaftslosen Selbstbeschauung, die sie dem schlagfertigen, tageslauten, nur in der Mitteilung sich genießenden Charakter der Zeitungen von vornherein entfremdet gegenüberstellt. Die Philosophie, in ihrer systematischen Entwicklung begriffen, ist unpopulär, ihr geheimes Weben in sich selbst erscheint dem profanen Auge als ein ebenso überspanntes wie unpraktisches Treiben; sie gilt für einen Professor der Zauberkünste, dessen Beschwörungen feierlich klingen, weil man sie nicht versteht.

Die Philosophie hat, ihrem Charakter gemäß, nie den ersten Schritt dazu getan, das asketische Prie-

* »hervorragenden Spinnern«, »großen Wurstfabrikanten« und »einflussreichen Schuhwichshändlern«.

stergewand mit der leichten Konventionstracht der Zeitungen zu vertauschen. Allein die Philosophen wachsen nicht wie Pilze aus der Erde, sie sind die Früchte ihrer Zeit, ihres Volkes, dessen subtilste, kostbarste und unsichtbarste Säfte in den philosophischen Ideen roulieren. Derselbe Geist baut die philosophischen Systeme in dem Hirn der Philosophen, der die Eisenbahnen mit den Händen der Gewerke baut.

Die Philosophie steht nicht außer der Welt, so wenig das Gehirn außer dem Menschen steht, weil es nicht im Magen liegt; aber freilich die Philosophie steht früher mit dem Hirn in der Welt, ehe sie mit den Füßen sich auf den Boden stellt, während manche andere menschliche Sphären längst mit den Füßen in der Erde wurzeln und mit den Händen die Früchte der Welt abpflücken, ehe sie ahnen, dass auch der »Kopf« von dieser Welt oder diese Welt die Welt des Kopfes sei.

Weil jede wahre Philosophie die geistige Quintessenz ihrer Zeit ist, muss die Zeit kommen, wo die Philosophie nicht nur innerlich durch ihren Gehalt, sondern auch äußerlich durch ihre Erscheinung mit der wirklichen Welt ihrer Zeit in Berührung und Wechselwirkung tritt. Die Philosophie hört dann auf, ein bestimmtes System gegen andere bestimmte Systeme zu sein, sie wird die Philosophie überhaupt gegen die Welt, sie wird die Philosophie der gegenwärtigen Welt. Die Formalien, welche konstatieren, dass die Philosophie diese Bedeutung erreicht, dass sie die lebendige Seele der Kultur, dass die Philosophie weltlich und die Welt philosophisch wird, waren in allen Zeiten dieselben; man kann jedes Historienbuch nachschlagen, und man wird mit stereotyper Treue die einfachsten Ritualien wiederholt finden, welche ihre Einführung in die Salons und in die Pfarrerstuben, in die Redaktionszimmer der Zeitungen und in die Antichambres* der Höfe, in den Hass und in die Liebe der Zeitgenossen unverkennbar bezeichnen. Die Philosophie wird in die Welt eingeführt von dem Geschrei ihrer Feinde, welche die innere Ansteckung durch den wilden Notruf gegen die Feuersbrunst der Ideen verraten. Dieses Geschrei ihrer Feinde hat für die Philosophie dieselbe Bedeutung, welche der erste Schrei eines Kindes für das ängstlich lauschende Ohr der Mutter hat, es ist der Lebensschrei ihrer Ideen, welche die hieroglyphische regelrechte Hülse des Systems gesprengt und sich in Weltbürger entpuppt haben.

(*Der leitende Artikel in Nr. 179 der »Kölnischen Zeitung«, 1842*)

Ein wackrer Mann bildete sich einmal ein, die Menschen ertränken nur im Wasser, weil sie vom *Gedan-*

* Vorzimmer.

ken der Schwere besessen wären. Schlügen sie sich diese Vorstellung aus dem Kopfe, etwa indem sie dieselbe für eine abergläubige, für eine religiöse Vorstellung erklärten, so seien sie über alle Wassergefahr erhaben. Sein Leben lang bekämpfte er die Illusion der Schwere, vor deren schädlichen Folgen jede Statistik ihm neue und zahlreiche Beweise lieferte. Der wackre Mann war der Typus der neuen deutschen revolutionären Philosophen.

(Marx/Engels, *Die deutsche Ideologie*)

Für die Philosophen ist es eine der schwierigsten Aufgaben, aus der Welt des Gedankens in die wirkliche Welt herabzusteigen. Die unmittelbare Wirklichkeit des Gedankens ist die *Sprache*. Wie die Philosophen das Denken verselbständigt haben, so mussten sie die Sprache zu einem eignen Reich verselbständigen. Dies ist das Geheimnis der philosophischen Sprache, worin die Gedanken als Worte einen eignen Inhalt haben. Das Problem, aus der Welt der Gedanken in die wirkliche Welt herabzusteigen, verwandelt sich in das Problem, aus der Sprache ins Leben herabzusteigen.

[...] Die Philosophen hätten ihre Sprache nur in die gewöhnliche Sprache, aus der sie abstrahiert ist, aufzulösen, um sie als die verdrehte Sprache der wirklichen Welt zu erkennen und einzusehen, dass weder die Gedanken noch die Sprache für sich ein eignes Reich bilden; dass sie nur *Äußerungen* des wirklichen Lebens sind.

(Marx/Engels, *Die deutsche Ideologie*)

Sprache entsteht, wie das Bewusstsein, erst aus dem Bedürfnis, der Notdurft des Verkehrs mit anderen Menschen.

(Marx/Engels, *Die deutsche Ideologie*)

Da der Denkprozess selbst aus den Verhältnissen herauswächst, selbst ein *Naturprozess* ist, so kann das wirklich begreifende Denken immer nur dasselbe sein, und nur graduell, nach der Reife der Entwicklung, also auch des Organs, womit gedacht wird, sich unterscheiden. Alles andre ist Faselei.

(*An Ludwig Kugelmann, 11. Juli 1865*)

Anatomie des Menschen ist ein Schlüssel zur Anatomie des Affen. Die Andeutungen auf Höhres in den untergeordneten Tierarten können dagegen nur verstanden werden, wenn das Höhere selbst schon bekannt ist. Die bürgerliche Ökonomie liefert so den Schlüssel zur antiken etc. Keineswegs aber in der Art der Ökonomen, die alle historischen Unterschiede verwischen und in allen Gesellschaftsformen die bürgerlichen sehen. […]

(*Zur Kritik der Politischen Ökonomie*)

Es geht in der Menschengeschichte wie in der Paläontologie. Sachen, die vor der Nase liegen, werden prinzipiell, durch a certain judicial blindness* selbst von den bedeutendsten Köpfen nicht gesehn. Später, wenn die Zeit angebrochen, wundert man sich, dass das Nichtgesehne allüberall noch seine Spuren zeigt. […] Da sind sie dann überrascht, im Ältesten das Neuste zu finden, […].

(*An Friedrich Engels, 25. März 1868*)

In der Vorstellung sind […] die Individuen unter der Kapitalistenherrschaft freier als früher, weil ihnen ihre Lebensbedingungen zufällig sind; in der Wirklichkeit sind sie natürlich unfreier, weil mehr unter sachliche Gewalt.

(Marx/Engels, *Die deutsche Ideologie*)

Verleugnen! Mit diesem Stichwort kann der kritisierende Biedermann jede Entwicklung brandmarken, ohne sie zu verstehen; er kann seine entwicklungslose Unentwickeltheit feiernd als moralische Unbeflecktheit gegenüberstellen. So hat die religiöse Phantasie

* eine gewisse blinde Engstirnigkeit.

der Völker die *Geschichte* im großen und ganzen gebrandmarkt, indem sie das Zeitalter der Unschuld, das goldne Zeitalter, in die *Vorgeschichte* verlegt, in die Zeit, da noch überhaupt keine geschichtliche Entwicklung stattfand, und darum kein Verneinen, kein Verleugnen. So erscheinen in geräuschvollen Umwälzungsepochen, in Zeiten starker, leidenschaftlicher Verneinung und Verleugnung, wie im 18. Jahrhundert, brave, wohlmeinende Männer, wohlerzogene, anständige Satyre, wie *Geßner**, die der geschichtlichen Verderbnis den entwicklungslosen Zustand der *Idylle* entgegenhalten. Zum Lob dieser Idyllendichter, auch einer Art kritisierender Moralisten und moralisierender Kritiker, sei immerhin bemerkt, dass sie gewissenhaft schwanken, wem die Palme der Moralität zuzuerkennen, dem Schäfer oder dem Schaf.

(*Die moralisierende Kritik und die kritisierende Moral*)

Der gesellschaftliche Fortschritt lässt sich exakt messen an der gesellschaftlichen Stellung des schönen Geschlechts (die Hässlichen eingeschlossen).

(*An Ludwig Kugelmann, 12. Dezember 1868*)

* Salomon Gessner (1730–1788), Schweizer Idyllendichter, Maler und Grafiker.

11

»Meine Frau tut mir leid«
Old Nick in Familie

Paris, 23. August 1849

Lieber Engels!
Ich bin nach dem Department Morbihan verwiesen, den Pontinischen Sümpfen* der Bretagne. Du begreifst, dass ich auf diesen verkleideten Mordversuch nicht eingehe. Ich verlasse also Frankreich.

[...] Dein K. M.

London, 6. Januar 1851

Lieber Engels!
Du wirst mich sehr verpflichten, s'il possible**, das Geld umgehend zu schicken. Meine Wirtin ist very poor***; sie ist jetzt die 2te Woche nicht bezahlt und tritt mit schrecklicher Energie.

[...] Dein K. M.

* Anspielung auf die berüchtigten Sümpfe in der ital. Provinz Rom, Kreis Velletri, in denen die Luft, besonders zu manchen Zeiten des Jahres, der Gesundheit sehr abträglich ist. Marx wurde von der französischen Regierung in das Department Morbihan in der Bretagne verwiesen. Er aber entschied hier, sich nach London zu retten.

** wenn es möglich ist.

*** sehr arm.

London, 3. Februar 1851

Lieber Engels!

Studierst Du Physiologie an der Mary [Burns*] oder anderswo? Im ersten Fall begreife ich, dass [dies nicht *hebräisch* ist], sogar nicht einmal *russisch*.

Einstweilen hat mir meine neue Renttheorie nur das brave Bewusstsein eingebracht, wonach jeder Biedermann notwendig strebt. Indes bin ich jedenfalls zufrieden, dass Du damit zufrieden bist. Das umgekehrte Verhältnis der Fruchtbarkeit der Erde zu der menschlichen Fruchtbarkeit musste einen lendenstarken Familienvater wie mich tief affizieren**, um so mehr, da meine Ehe produktiver ist als mein Gewerbe.

[…] Dein K. M.

London, 11. Februar 1851

Lieber Engels!

[…] mir gefällt sehr die öffentliche, authentische Isolation, worin wir zwei, Du und ich, uns jetzt befinden. Sie entspricht ganz unsrer Stellung und unsren Principien. Das System wechselseitiger Concessio-

* In Manchester hatte Engels die irischen Arbeiterinnen Mary und Lizzie Burns kennengelernt, mit denen er zeitlebens in Liebe verbunden war; einen Tag vor Lizzies Tod am 11. September 1878 trat Engels offiziell in den Bund der Ehe mit ihr.

** berühren.

nen, aus Anstand geduldeter Halbheiten, und die Pflicht, vor dem Publikum seinen Teil Lächerlichkeit in der Partei mit all diesen Eseln zu nehmen, das hat jetzt aufgehört.

[…] Dein K. M.

London, 31. März 1851

Lieber Engels!

[…]

Dem alten Bamberger gegenüber blieb mir nichts übrig, als ihm 2 Wechsel auszustellen, einen auf ihn für London, 4 Wochen nach dem 24sten März, den anderen auf 3 Wochen nach Trier auf meine Alte*, um den ersten zu decken. Ich machte der Alten sofort Anzeige. Heute erhalte ich gleichzeitig mit Deinem Brief einen von meiner Alten, worin sie mir höchst *impertinent* und dabei voller moralischer Entrüstung gegenübertritt und positivement erklärt, dass sie jeden von mir auf sie gezogenen Wechsel protestiert.

So habe ich also für den 21. April das Äußerste von dem wütend gewordenen alten Simon Bamberger zu gewärtigen.

Gleichzeitig ist meine Frau niedergekommen am 28. März. Die Entbindung war leicht, dagegen liegt sie jetzt sehr krank da, mehr aus bürgerlichen als physischen Gründen. Dabei habe ich buchstäblich keinen

* Henriette Marx, geb. Presburg (1788–1863), Marx' Mutter.

Heller im Haus, um so mehr Rechnungen dagegen von dem kleinen Handel, Metzger, Bäcker und so fort.

[…]

Du wirst zugeben, dass diese Gesamtscheiße passablement* angenehm ist und dass ich bis an die Wirbelspitze meines Schädels im kleinbürgerlichen Dreck stecke. Und dabei hat man noch die Arbeiter exploitiert**! und strebt nach der Diktatur! Quelle horreur***.

Mais ce n'est pas tout†. Der Fabrikant, der mir in Brüssel Geld lieh von Trier aus, tritt mich und verlangt es zurück, weil seine Eisenhütte schlecht stehe. Tant pis pur lui††. Dem kann ich nicht gerecht werden.

[…] Dein K. M.

London, den 31. Juli 1851

Lieber Engels!

[…]

Meine Frau tut mir leid. Auf sie fällt der Hauptdruck, und im Grunde hat sie recht. Das Gewerbe muss produktiver sein als die Ehe. Trotz alledem er-

* wenig.
** ausgebeutet.
*** Entsetzlich. Wie schrecklich.
† Aber das ist nicht alles.
†† Umso schlimmer für ihn.

innerst Du Dich, dass ich von Natur sehr wenig geduldig bin und sogar ein wenig hart, so dass von Zeit zu Zeit mein Gleichmut verlorengeht.

[…] Dein K. M.

London, 8. August 1851

Lieber Engels!

[…]

Die »New-York Tribune« hat mich und Freiligrath* gegen Honorar zum Mitarbeiten aufgefordert. Sie ist das verbreitetste Journal in Nordamerika. Wenn es Dir möglich ist, mir einen englisch geschriebenen Artikel über die *deutschen* Verhältnisse bis *Freitag morgen* (15. August) zu liefern, so wäre das ein famoser Anfang.

[…] Dein K. M.

London, 25. August 1851

Lieber Engels!

Zunächst meinen Dank für Deinen Artikel. Trotz allem Bösen, was Du ihm nachgesagt hast, war er famos und ist unverändert nach New York gesegelt. Du hast ganz den Ton für die »Tribune« getroffen. So-

* Hermann Ferdinand Freiligrath (1810–1876), deutscher Lyriker, Dichter und Übersetzer. Er war u. a. für kurze Zeit Mitherausgeber der von Marx und Engels besorgten *Neuen Rheinischen Zeitung* und Mitglied im Bund der Kommunisten.

bald wir ihre erste Nummer erhalten, schicke ich sie Dir zu und von da an regelmäßig.

Jetzt habe ich eine ganze Ladung Emigrationsmist an Dich zu expedieren, und wenn Du einen Farmer in der Umgegend kennst, der den Guano dieser saubren Vögel zum Dünger braucht, so kannst Du ein Geschäft machen.

[...] Dein K. M.

London, 27. Februar 1852

Lieber Engels!

[...] Seit einer Woche habe ich den angenehmen Punkt erreicht, wo ich aus Mangel an den im Pfandhaus untergebrachten Röcken nicht mehr ausgehe und aus Mangel an Kredit kein Fleisch mehr essen kann. Das alles ist nun Scheiße, aber ich fürchte, dass der Dreck einmal mit Skandal endet. Die einzig gute Nachricht haben wir von meiner ministeriellen Schwägerin erhalten, die Nachricht von der Krankheit des unverwüstlichen Onkels meiner Frau. Stirbt der Hund jetzt, so bin ich aus der Patsche heraus.

[...] Dein K. M.

[...] Mein Druckfehlerregister für den »Brumaire«* ist bald verschimmelt, hätte ich dies doch gewusst, so müsste ich dies jetzt so verausgabte Geld verwenden, Euch das Porto zu schicken. Aber wie Spinoza** gelehrt, es ist tröstend, alle Dinge sub specie aeterni*** zu betrachten.

[...]

(An Adolf Cluß, April 1852)

London, 8. September 1852

Lieber Engels!
Dein Brief heute kam in eine sehr aufgeregte Atmosphäre.

Meine Frau ist krank, Jennychen ist krank, Lenchen hat eine Art Nervenfieber. Den Doktor kann und konnte ich nicht rufen, weil ich kein Geld für Medizin habe. Seit 8–10 Tagen habe ich die family mit Brot und Kartoffeln durchgefüttert, von denen es noch fraglich ist, ob ich sie heute auftreiben kann. Diese Diät war natürlich nicht förderlich bei den jetzigen klimatischen Verhältnissen. Artikel für Dana schrieb ich

* *Der achtzehnte Brumaire des Louis Bonaparte* ist eine 1852 veröffentlichte Schrift von Marx. Er analysiert hier den Verlauf des Staatsstreichs Louis Napoleons (1808–1873) in Frankreich 1851.

** Baruch de Spinoza (1632–1677), Philosoph und Bibelkritiker.

*** unter dem Gesichtspunkt der Ewigkeit.

nicht, weil ich nicht den Penny hatte, um Zeitungen lesen zu gehn. Sobald Du übrigens Nr. XIX geschickt hast, werde ich in einem Briefe meine Ansicht über XX, die Zusammenfassung der Jetztscheiße, schreiben.

Als ich bei Dir war und Du mir gesagt hattest, mir bis Ende August eine etwas größre Summe beschaffen zu können, schrieb ich das meiner Frau zur Beruhigung. Dein Brief von vor 3–4 Wochen deutete an, dass nicht viele Aussicht sei, ließ indes noch einige. So hatte ich bis Anfang September alle Gläubiger, denen, wie Du weißt, immer nur kleine Fragmente abgezahlt werden, hingeschoben. Jetzt ist der Sturm allgemein.

Ich habe alles versucht, aber umsonst. Erst prellt mich der Hund von Weydemeyer um 15 £. Ich schreibe nach Deutschland an Streit (weil der in der Schweiz an Dronke geschrieben hatte). Das Vieh antwortet nicht einmal. Ich wende mich an Brockhaus und biete ihm Artikel für die »Gegenwart« von unverfänglichem Inhalt. Er schlägt in einem sehr höflichen Briefe ab. Endlich laufe ich in der letzten Woche den ganzen Tag mit einem Engländer herum, der mir den Diskonto für die Wechsel auf Dana verschaffen wollte. Vergeblich.

Das Beste und Wünschenswerteste, was passieren könnte, wäre, wenn mich die Hauswirtin zum Haus hinauswürfe. Ich wäre dann wenigstens die Summe von 22 £ quitt. Aber so viel Gefälligkeit ist ihr kaum zuzutrauen. Dazu Bäcker, Milchmann, Teekerl, Gemüsehändler, alte Metzgerschuld noch. Wie soll ich mit all dem Teufelsdreck fertig werden? Endlich, in den letzten 8–10 Tagen, habe ich einige Schilling und Pence, was mir das Fatalste ist, aber es war nötig, um nicht zu verrecken, von Knoten gepumpt.

Du wirst aus meinen Briefen ersehn haben, dass ich die Scheiße, wie gewöhnlich, wenn ich selbst darin stecke und nur nicht von weitem davon höre, mit großer Indifferenz* durchwate. Indes was tun? Mein Haus ist ein Lazarett, und die Krise wird so störend, dass sie mich zwingt, ihr meine allerhöchste Aufmerksamkeit zu schenken. Que faire?**

[…] Dein K. M.

London, 28. September 1852

Lieber Engels!

Du hast längere Zeit keinen Brief von mir erhalten. Hauptursache Weerth***, der die Abende, die ich sonst mit Schreiben zubringe, mehr oder weniger mit Beschlag belegt. Und zwar zu meiner nicht übergroßen

* mit großem Gleichmut.

** Was tun?

*** Georg Ludwig Weerth (1822–1856), deutscher Schriftsteller, Satiriker, Journalist und Kaufmann. Als »den ersten und bedeutendsten Dichter des deutschen Proletariats«, charakterisierte ihn Engels im *Der Sozialdemokrat*, Nr. 24, vom 7. Juni 1883.

Freude. Du weißt, dass ich Weerth sehr gern habe, aber es ist peinlich, wenn man bis an den Hals im Dreck sitzt, sich einen so feinen Gentleman gegenüber zu haben, vor dem man die allzu beschämenden Dinge verheimlichen muss. Solch ein Verhältnis bringt doppelte Verlegenheit hervor, und ich hoffe, dass er morgen nach Manchester abreist und mich, wenn er wiederkömmt, in Verhältnissen findet, wo ich wieder ungezwungen mit ihm verkehren kann. Ich denke übrigens, dass er, abgesehn den leidenden Zustand meiner Frau, mir nicht tiefer in die Karten gesehn hat.

[...] Dein K. M.

London, 25. Oktober 1852

Lieber Engels!

[...] Ich versichre Dir, wenn ich die Leiden meiner Frau und meine eigne Ohnmacht ansehe, so möchte ich dem Teufel in den Rachen laufen.

[...] Dein K. M.

London, 22. Mai 1854

Lieber Engels,

[...]

Ich verlasse mich darauf, dass Du noch *diese ganze Woche* den amerikanischen Dienst für mich tust, da ich zum Schreiben noch total inkapabel* und schon

* unfähig.

£ 6 durch diese Sch– verloren, was sehr bitter ist. Ich erwarte ein paar Zeilen von Dir in der Zwischenzeit.

[…] Dein K. M.

London, 15. Juli 1858

Lieber Engels,

[…]

Meinem ärgsten Feinde wünschte ich nicht, durch den quagmire* zu waten, in dem ich seit 8 Wochen sitze, mit der größten Wut dabei, dass mein Intellekt durch die größten Lausereien kaputt gemacht und meine Arbeitsfähigkeit gebrochen wird.

Dein K. M.

London, den 21. Januar 1859

Lieber Engels,

[…] glaube nicht, dass unter solchem Geldmangel je über »das Geld« geschrieben worden ist. Die meisten autores** über dies subjekt*** waren in tiefem Frieden mit the subject of their researches†.

[…] Dein K. M.

* Sumpf.

** Autoren.

*** diesen Gegenstand.

† dem Gegenstand ihrer Untersuchungen.

London, 27. Februar 1861

Lieber Engels,

[...]

Notabene. Den Brief meiner Frau (ungefähr 8 Tage alt), worin sie Dir für den Wein dankt, hast Du wohl erhalten? Sie ist etwas beunruhigt darüber, dass er vielleicht in falsche Hände gefallen. Auch die Kinder für den Wein sehr verpflichtet. Sie scheinen von väterlicher Seite trinklustig.

[...] Dein K. M.

London, 6. November 1861

Lieber Frederick*,

[...]

Von meiner Alten erhielt ich gestern Antwort. Nichts als »zärtliche« Redensarten, but no cash. Außerdem teilt sie mir mit, was ich längst wusste, dass sie 75 Jahre alt ist und manche Gebresten des Alters fühlt.

[...] Dein K. M.

London, 28. Januar 1863

Lieber Frederick,

[...] Die Weiber sind komische Kreaturen, selbst die mit viel Verstand ausgerüsteten. Morgens weinte

* gemeint ist Friedrich Engels.

meine Frau über die Mary und Deinen Verlust, so dass sie ihr eignes Pech, was grade an dem Tag kulminierte, ganz vergaß, und abends glaubte sie, dass außer uns kein Mensch in der Welt leiden könne, der nicht den broker* im Hause habe und Kinder habe.

[…] Dein K. M.

[Marx' Eintrag in das Poesiealbum von Jenny Marx, März 1865]**

Ihre Lieblingstugend – Einfachheit
Ihre Lieblingstugend beim Mann – Kraft
Ihre Lieblingstugend bei der Frau – Schwäche
Ihre Haupteigenschaft – Zielstrebigkeit
Ihre Auffassung vom Glück – [nicht beantwortet]
Auffassung vom Unglück – [nicht beantwortet]
Das Laster, das Sie entschuldigen – Leichtgläubigkeit
Das Laster, das Sie verabscheuen – Kriecherei
Abneigung – Martin Tupper, Veilchenpuder
Lieblingsbeschäftigung – in Büchern wühlen
Lieblingsdichter – Dante, Shakespeare, Äschylus, Goethe
Lieblingsschriftsteller – Diderot, Lessing, Hegel, Balzac

* Gerichtsvollzieher.

** ursprünglich in englischer Sprache.

Marx, Engels, der »General«, und Marx' Töchter Jenny, Eleanor und Laura im Urlaub 1864.

Lieblingsheld – Spartakus, Kepler
Lieblingsheldin – Gretchen [Goethe, *Faust, Der Tragödie Erster Teil*]
Lieblingsblume – Seidelbast
Lieblingsfarbe – Rot
Augen- und Haarfarbe – Schwarz
Lieblingsnamen – Jenny, Laura
Lieblingsgericht – Fisch
Personen aus der Geschichte, die Sie am meisten verabscheuen – [nicht beantwortet]
Lieblingsmaxime – Nihil humani a me alienum puto (Nichts Menschliches ist mir fremd)
Lieblingsmotto – De omnibus dubitandum (An allem ist zu zweifeln)

London, 13. Februar 1866

Dear Fred,

[...]

Gestern lag ich wieder brach, da ein bösartiger Hund von Karbunkel an linker Lende ausgebrochen. Hätte ich Geld genug, das heißt mehr > – 0, für meine Familie, und wäre mein Buch fertig, so wäre es mir völlig gleichgültig, ob ich heute oder morgen auf den Schindanger geworfen würde, alias verreckte. Unter besagten Umständen geht es aber noch nicht.

[...] Dein K. M.

London, 20. Februar 1866

Lieber Fred,

Was die Karbunkel angeht, so steht es so:

Von dem *obern* hatte ich Dir mit meiner langen Praxis gesagt, dass er eigentlich *geschnitten* werden müsse. Heute (Dienstag), nach Empfang Deines Briefes, nahm ich ein scharfes Rasiermesser, ein Andenken an den teuren Lupus, und *schnitt den Hund in eigner Person.* (Ich kann Ärzte nicht zwischen den Geschlechtsteilen oder in ihrer Nähe dulden. Im übrigen stellt Allen mir das Zeugnis aus, dass ich eines der besten Objekte zum Operieren bin. Ich erkenne immer *das Notwendige* an.) Das verdorbene Blut, wie Frau Lormier sagt, quillte, sprang vielmehr, hoch empor, und ich betrachte diesen Karbunkel nun als begraben, obgleich er noch etwas Behandlung erfordert.

Was den *untern* Hund angeht, so wird er bösartig und ist *außer* meiner Kontrolle und hat mich die ganze Nacht nicht schlafen lassen. Geht diese Schweinerei voran, so muss ich natürlich Allen kommen lassen, da ich unfähig bin, infolge des locus* des Hundes, ihn selbst zu überwachen und zu kurieren. Im übrigen ist es klar, dass ich alles in allem, von Karbunkelkrankheit mehr weiß als die meisten Ärzte.

[…] Dein K. M.

* des Ortes.

London, 23. August 1866

Dear Fred,
Heut nur ein paar Zeilen. Die Sache mit Lafargue* ist soweit arrangiert, dass der Alte mir aus Bordeaux geschrieben, bei mir angefragt um den Titel eines Bräutigams für seinen Sohn, sehr günstige ökonomische Bedingungen gestellt hat. Außerdem selbstverstanden, dass Lafargue junior erst sein Doktorexamen in London und dann in Paris zu machen, bevor ans Heiraten zu denken. Soweit ist die Sache geregelt. Ich habe aber noch gestern unsrem Kreolen** mitgeteilt, dass, wenn er sich nicht zu englischen Manieren abkühlen kann, Laura*** ihn ohne Umstände an die Luft setzen wird. Dies muss er sich völlig klarmachen, oder es wird nichts aus der Sache. Er ist ein kreuzguter Kerl, aber verzogen und zu sehr Naturkind.

Laura erklärt, dass, bevor sie sich förmlich verlobt, Deine Zustimmung da sein muss.

[...] Dein K. M.

* Paul Lafargue (1842–1911), französischer Sozialist und Arzt. Lafargue war der Ehemann von Marx' Tochter Laura. Lafargues berühmter Text *Das Recht auf Faulheit: Widerlegung des »Rechts auf Arbeit«* erschien 1887.

** Gemeint ist Paul Lafargue. Er wuchs in Kuba auf, sein Vater war dort Weinhändler und Besitzer einer Kaffeeplantage. 1851 emigrierte die Familie nach Frankreich.

*** Jenny Laura Marx (1845–1911), Tochter von Jenny und Karl Marx und Ehefrau des Sozialisten Paul Lafargue.

London, 3. Juli 1865
Maiden Tower [Jungfern-Kemenate]

Dear Miss Liliput!*
Sie müssen meine »verspätete« Antwort entschuldigen. Ich gehöre zu jener Art von Leuten, die die Dinge immer zweimal betrachten, ehe sie sich für das eine oder das andere entscheiden. So war ich ziemlich überrascht, eine Einladung von einem mir völlig unbekannten vorwitzigen Frauenzimmer zu erhalten. Wie dem auch sei, nachdem ich mich von Ihrer Achtbarkeit und der unvergleichlichen Art, in der Sie Ihre Abmachungen mit Ihren Lieferanten treffen, überzeugt habe, werde ich mich glücklich schätzen, diese recht seltene Gelegenheit zu ergreifen, an Ihre Esswaren und Getränke heranzukommen. Doch vernachlässigen Sie bitte letztere nicht, wie es die üble Gewohnheit der Jungfern zu sein pflegt. Da ich ein wenig von Rheumatismus geplagt bin, hoffe ich, dass Sie Ihren Empfangsraum vor jeglicher Zugluft schützen werden. Für die erforderliche Ventilation werde ich selbst sorgen. Und da ich auf dem rechten Ohr etwas schwer höre, setzen Sie bitte einen langweiligen Kerl, an denen es, wie ich zu behaupten wage, in Ihrer Gesellschaft nicht fehlen wird, an meine rechte Seite. Für die linke Seite werden Sie mir, wie ich hoffe, Ihre weibliche Zierde re-

* Marx an eine seiner Töchter.

servieren, ich meine das bestaussehende weibliche Wesen unter Ihren Gästen.

Ich habe einen gewissen Hang zum Tabakkauen, halten Sie also das Zeug bereit. Durch meine früheren Begegnungen mit Yankees habe ich mir das Spucken angewöhnt, ich erwarte also, dass Spucknäpfe nicht fehlen werden. Da ich in meinen Umgangsformen ziemlich ungezwungen bin und mir diese erhitzte und stickige englische Atmosphäre widerwärtig ist, müssen Sie sich darauf gefasst machen, mich in einer Art Adamskostüm zu erblicken. Ich hoffe, ihre weiblichen Gäste werden ähnlich erscheinen.

Addio, mein liebes unbekanntes kleines Frauenzimmer.

Immer Ihr

Dr. Wunderlich

Hoffentlich keine *britischen* Weine!

Margate, 20. März 1866
5, Lansell's Place

Mein lieber Cacadou!*

[...] Was mich betrifft, so habe ich mich in einen herumwandernden Spazierstock verwandelt, bin den größten Teil des Tages auf den Beinen, schnappe frische Luft, gehe um 10 Uhr zu Bett, lese nichts,

* Marx an seine Tochter Laura.

schreibe weniger und versetze meinen Geist ganz und gar in jenen Zustand des Nichts, den der Buddhismus für den Gipfel menschlicher Glückseligkeit hält. Wie dem auch sein mag, ich werde mich Donnerstag nicht in den schönen Jüngling verwandeln, wie ihn sich die vortreffliche By Bye* in ihren Träumen vorzustellen scheint. Das Zahnweh auf der rechten Seite hat noch immer nicht aufgehört, und auf derselben Seite ist jetzt auch noch das Auge entzündet. Es ist zwar nicht viel davon zu sehen, aber das Auge hat die schlechte Gewohnheit angenommen, von selbst Tränen zu vergießen, ohne die geringste Rücksicht auf die Gefühle seines Meisters.

[...]

Dieser verdammte Schlingel Lafargue belästigt mich mit seinem Proudhonismus** und wird wohl nicht eher ruhen, bis ich ihm einmal tüchtig etwas auf seinen Kreolenschädel gegeben habe.

Meine besten Wünsche an alle.

[...] Dein *Meister*

* Marx' Tochter Jenny.

** Proudhonismus: politische Überzeugungen, die auf die Theorien des französischen Sozialreformers, Ökonomen und Soziologen Pierre Joseph Proudhon (1809–1865) zurückgehen. Der Proudhonismus hat u. a. maßgeblich Einfluss auf die politischen Strömungen des Anarchismus.

London, 5. September 1866

Mein geliebter Meister •• *,

Ich neige mich zur Erde vor Ihrer Unermesslichkeit, welche Rolle Sie auch zu spielen sich herablassen mögen, die des unendlich Kleinen oder des unendlich Großen.

[…]

Ich werde arg bearbeitet von dem Abkömmling eines Gorillas**, der die Trennung von einem Mäuschen***, das er sich in den Kopf gesetzt hat, kaum ertragen kann. Würde er es so gut kennen wie ich – dann würde er natürlich noch mehr Kalypso ähneln, qui ne pouvait se consoler du départ d'Ulysse†. Sie mag eine Kalypso sein, aber er ist alles andere als ein Odysseus. Eher – ein verliebter Kauz. Er verdient übrigens, dass ich ihn ein bisschen lobe. Er hat (von 1 Uhr mittags bis 9) schwer gearbeitet, um die Instruktionen zu übersetzen, die ich für die Delegierten zum Genfer Kongress ausarbeiten musste. Schwer wie ein Schneider hat er auch gearbeitet, um gewisse gymnastische Geräte fertigzumachen, die für Sie bestimmt sind. Und schließlich widmet er dem wissenschaftlichen Geschwafel, mit dem ich ihn zu traktieren pflege, große Aufmerksamkeit, ob-

* Marx an seine Tochter Jenny.

** Anspielung auf Paul Lafargue.

*** Marx' Tochter Laura.

† die sich über die Abfahrt des Odysseus nicht trösten konnte.

gleich ihm und mir diese Art geistiger Zerstreuung sehr fernliegt.

Vorgestern waren die Lormiers* hier und auch der Negrillo**. Unter dem Vorwand, ihm einen gymnastischen Trick zeigen zu wollen, sagte ihm der alte Lormier, »*vertraulich*« und natürlich diskret, er müsse es unterlassen, beim Rauchen mit seinem Speichel fontänengleich den Kamin zu überfluten, wie es seine Gewohnheit ist. Als beide aus der Küche kamen, wo die vertrauliche Unterredung stattgefunden hatte, sah unser armer Negrillo recht niedergeschlagen aus und benahm sich wie ein »artiger Junge«.

Ehrlich gesagt, ich hab' den Jungen gern. Gleichzeitig aber bin ich ziemlich eifersüchtig auf ihn wegen seiner Ansprüche auf meinen alten »Geheimsekretär«***.

[…] Dein ••

Hamburg, 13. April 1867

Lieber Fred,
Gestern 12 Uhr mittag kam ich hier an. Das Schiff verließ London Mittwoch, 8 Uhr morgens. Du siehst darin die ganze Geschichte der Seereise. Höchst tolles Wetter und Sturm. Mir war, nach dem langen

* eine befreundete, vermutlich aus Frankreich stammende Familie.

** Anspielung auf Paul Lafargue.

*** Marx' Tochter Laura.

Verschluss, dabei so kannibalisch wohl als wie 500 Säuen*. Doch wäre die Sache auf die Dauer langweilig geworden mit all dem kranken und abfallenden Gesindel rechts und links, hätte nicht ein gewisser Kern Stich gehalten. Das war ein sehr »gemischter« Kern, nämlich ein deutscher Schiffskapitän, der Dir im Gesicht sehr ähnlich, aber kleiner Kerl, er hatte auch viel von Deinem Humor und dasselbe gutmütig frivole Zwinkern des Auges; ein Londoner Viehhändler, echter John Bull, bullenhaft in jeder Beziehung; ein deutscher Uhrmacher aus London, netter Bursche; ein Deutscher aus Texas; und die Hauptperson, ein Deutscher, der seit 15 Jahren sich herumtreibt im Osten von Peru, einer erst kürzlich geographisch registrierten Gegend, wo u. a. noch tüchtig Menschenfleisch verspeist wird. Ein toller, tatkräftiger und lustiger Bursche. Er hatte sehr wertvolle Sammlung bei sich von Steinäxten usw., die in den »Höhlen« gefunden zu sein verdienten. Als Anhang eine Frauensperson (die andern Damen alle seekrank und kotzend in der Damencabin), alter Gaul mit zahnlosem Maul, hännöversch fein sprechend, Tochter eines urahnenligen hannoverschen Ministers, von Baer oder so was, jetzt seit lange Menschenabrichterin, Pietistin, Arbeiterlage hebend, bekannt mit Jules Si-

* Zitat aus Goethe, *Faust I*, Auerbachs Keller, Text des Liedes der Studenten.

mon*, voll Seelenschöne, womit sie unsern bullenhaften Freund zu Tode langweilte. Well! Donnerstag abend, wo der Sturm am schlimmsten, so dass alle Tische und Stühle tanzten, kneipten wir in kleinem Kreis, während »das« alte weibliche Gaul auf einem Kanapee lag, wovon die Bewegung des Schiffs sie von Zeit zu Zeit in die Mitte der Cabin – um sie zu zerstreuen ein wenig – auf den Boden trollte. Was hielt diese Schöne unter diesen erschwerenden Umständen gefesselt? Warum verzog sie sich nicht ins Frauengemach? Unser deutscher Wilde erzählte mit wahrem Gusto** alle Geschlechtsschweinereien der Wilden. Dies der Reiz für die Zarte, Reine, Feine. Ein Beispiel: Er ist begastet in einer Indianerhütte, wo grade denselben Tag die Frau niederkommt. Die Nachgeburt wird gebraten und – höchster Ausdruck der Gastfreundschaft – er hat ein Stück von der Delikatesse mitzugenießen!

[...] Dein K. M.

London, 11. April 1868

Mein lieber Cacadou***,

Du weißt, ich bin langsam im Schreiben, aber diesmal sind die Mängel meines linken Arms für die

* Jules François Simon (1814–1896), französischer Politiker und Philosoph.

** Geschmack.

*** Marx an Laura und Paul Lafargue in Paris.

Sünden meiner rechten Hand verantwortlich. Unter diesen Umständen fehlte mir um so mehr mein Sekretär, der in meinem Namen an sich selbst die reizendsten Briefe hätte richten können.

Ich freue mich, aus Deinem und Deines Gefährten Geschreibsel (Du entschuldigst den »Ausdruck«, Borkheim* mit seiner »scribaille«** dröhnt mir immer noch in den Ohren) entnehmen zu können, dass Ihr Eure Brautfahrt gründlich genießt, und dass alle äußeren Umstände, Frühling und Sonne und Luft und Pariser Lustbarkeiten, sich zu Eurem Besten verbinden. Was besagten Gefährten angeht, so spricht es Bände für die angeborene Freundlichkeit des »jungen Mannes«***, dass er mir in einem solch kritischen Augenblick Bücher schickt. Dieses einfache Faktum wäre kein schlechter Beweis, dass er zu einer besseren als der europäischen Rasse gehören muss.

[...] Du wirst Dir sicher einbilden, mein liebes Kind, dass ich Bücher sehr liebe, weil ich Dich zu einer so ungelegenen Zeit damit belästige. Aber Du wärst sehr im Irrtum. Ich bin eine Maschine, dazu

* Sigismund Ludwig Borkheim (1826–1885), Publizist. Borkheim wurde nach der bürgerlich-demokratischen Revolution 1848 wegen Hochverrats angeklagt und kam ins Gefängnis. 1849 kämpfte er in der badischen Volkswehr. Er zählte zu den Vertrauten von Marx und Engels.

** Schreiberei.

*** Paul Lafargue.

verdammt, sie zu verschlingen und sie dann in veränderter Form auf den Dunghaufen der Geschichte zu werfen. Auch eine ziemlich öde Aufgabe, [...].

[...] Old Nick

London, 10. Oktober 1867

Dear Fred,

Aus dem einliegenden Brief des Kugelmann* siehst Du, dass nun die Zeit zur action gekommen ist. Du kannst besser über mein Buch ihm schreiben als ich selbst. Zugleich soll er nur keine Weitläufigkeiten machen und uns die Sachen nicht zuschicken zur Korrektur, sondern *nachdem* sie erschienen sind. Du musst ihm ans Herz legen, dass alles aufs »Lärmmachen« ankommt, viel mehr als auf das Wie oder die Gründlichkeit.

[...] Dein K. M.

London, 24. April 1869

Dear Fred,

Seit ungefähr 12 Tagen leide ich fürchterlich an meinen alten Leberbeschwerden. Ich saufe die alte Me-

* Ludwig Kugelmann (1828–1902), deutscher Mediziner (Frauenarzt) und Sozialdemokrat. Von 1862 bis 1883 standen Kugelmann und seine Frau Gertrud im Briefwechsel mit Marx.

dizin von Gumpert*, aber bis jetzt ohne Erfolg. Ich bin dadurch geistig ganz lahmgelegt. Dieser Zustand kommt jeden Frühling. Wenn ich ihn nicht gut überstehe, kommen nachher die carbuncles. Frage also Gumpert, ob er irgend etwas Neues für mich weiß? Ich habe seit 8 Tagen nicht geraucht. Das genügt, um Dir meinen Zustand klarzumachen.

[...] Dein K. M.

London, 22. Juli 1869

Dear Fred,

[...]

Ich habe seit ungefähr 6 Tagen einen starken Karbunkel auf dem linken Arm, was in »dieser Hitze« nicht angenehm ist.

Ich hatte noch eine andre »familiäre« Unannehmlichkeit. Ich bemerkte nämlich seit einiger Zeit, dass meine Frau mit dem Geld, das ich ihr wöchentlich gebe, nicht auskommt, obgleich die Ausgaben in keiner Weise gewachsen sind. Da ich durchaus nicht wieder in Schulden kommen will, und da das Geld, was ich ihr letzten Montag gab, gestern schon wieder »alle« war, ersuchte ich um Aufschluss. Da kam denn die Narrheit der Weiber heraus. In dem Schuldver-

* Eduard Gumpert (1834–1893), mit Marx und Engels befreundeter deutscher Arzt in Manchester.

zeichnis, was sie mir aufgesetzt hatte für Dich, hatte sie ungefähr 75 £ unterdrückt, die sie nun aus dem Hausgeld nach und nach abzuzahlen suchte. Ich fragte, warum dies? Antwort: Sie hätte sich gefürchtet, mit der großen Gesamtsumme herauszurücken! Die Weiber bedürfen offenbar stets der Vormundschaft!

[...] Dein Mohr

Manchester, 10. Juni 1869

Mein liebes Kind,*

[...]

Gestern abend war ich zum unvermeidlichen Tee bei Gumperts. Frau Gumpert ist vom Zahn der Zeit sehr mitgenommen. Ich habe nie zuvor eine so schnelle Veränderung erlebt. Die Heuchelei einer griechischen Nase ist dem treu-jüdischen Typ gewichen; alles an ihr sieht ziemlich verschrumpelt und vertrocknet aus, und die Stimme hat den gutturalen Klang, mit dessen Fluch das auserwählte Volk bis zu einem bestimmten Grade beladen ist. Als sie davon sprach, wie widerwärtig es ihr sei, in einem Omnibus oder beim öffentlichen Feuerwerk oder im Theater, selbst im Parkett, zu sein – all dies wegen der schlechten Gerüche der gemeinen Menge – sagte sie: »Ich

* Marx an seine Tochter Jenny.

liebe die saubere Million, aber nicht die schmutzige Million.« Ich gab vor, »reine Million« verstanden zu haben und sagte, dass es eine häufige Vorliebe der Menschheit sei, eine reine Million Pfund Sterling einer beliebigen Million Menschen vorzuziehen, ob sie gewaschen oder ungewaschen sind.

[...] Dein Old Nick

Hannover, 25. September 1869

Mein lieber Cacadou!*

Ich bedaure, dass ich den Geburtstag meines lieben Vögelchens nicht zu Hause feiern kann, aber Old Nicks Gedanken sind bei Dir.

Du bist beslôzen
in mînem Herzen.

Ich war erfreut, aus Möhmchens Brief zu sehen (geschrieben in ihrer wie gewöhnlich sehr unterhaltenden Weise, sie ist ein wahrer Virtuose im Briefschreiben), dass es mit Deiner Gesundheit besser geht.

Unserem lieben kleinen Schnappi** wird es hoffentlich auch bald besser gehen. Zugleich teile ich voll-

* Marx an Laura Lafargue.

** Charles-Étienne Lafargue (geb. 1868), Sohn von Laura und Paul Lafargue.

ständig Kugelmanns Meinung, dass Dr. West *sofort* konsultiert werden müsste (oder, wenn er abwesend sein sollte, ein anderer Arzt). Ich erwarte, dass Du und Lafargue Euch in diesem Falle meiner väterlichen Autorität unterwerfen werdet, einer Sache, von der Ihr sehr wohl wisst, dass ich nicht gewohnt bin, mich auf sie zu berufen. Nichts ist schwieriger zu behandeln als ein Baby. In keinem andern Fall ist sofortiges Handeln so nötig und jeder Aufschub so schädlich. Ihr dürft unter keinen Umständen Eure Abreise von London beschleunigen. Es würde für das Kind wirklich gefährlich sein und Dir selbst nicht gut tun. In diesem Punkte wird jeder Arzt Euch denselben Rat geben.

Ich freue mich, dass der Baseler Kongress* vorüber und dass er verhältnismäßig so gut verlaufen ist. Ich bin immer in Sorge bei solcher öffentlichen Schaustellung der Partei »mit allen ihren Geschwüren«. Keiner der Akteure war à la hauteur des principes**, aber der Idiotismus der oberen Klassen macht

* Der Basler Kongress der Internationalen Arbeiterassoziation (IAA, auch als Erste Internationale bezeichnet) fand vom 6. bis 12. September 1869 statt. Die Konferenz war vor allem durch die Konfrontation zwischen den Positionen der Proudhonisten und der kollektivistisch-anarchistischen Position Bakunins auf der einen und Karl Marx' Position auf der anderen Seite geprägt.

** auf der Höhe der Prinzipien.

die Fehler der arbeitenden Klasse wieder gut. Wir sind durch keine noch so kleine deutsche Stadt gekommen, deren Winkelblatt nicht voll von dem Treiben »dieses schrecklichen Kongresses« gewesen wäre.

[...]

Addio, liebes Kind!

Immer Dein Old Nick

London, 5. März 1870

Liebe Laura und lieber Paul,

[...]

Ich hoffe, Ihr werdet uns gute Nachrichten über den kleinen Schnappi mitteilen, meinen ganz großen Liebling. Der arme liebe kleine Kerl muss schwer unter der Kälte gelitten haben, die »la nature mélanienne* so entgegengesetzt ist. Apropos, ein gewisser Herr de Gobineau hat il y a à peu près dix ans** ein vierbändiges Werk »Sur l'Inégalité des races humaines« veröffentlicht und vor allem zu dem Zweck geschrieben, um zu beweisen, dass »la race blanche«*** eine Art Gott unter den anderen Menschenrassen ist, und natürlich sind die vornehmen Familien der »race blanche« wiederum la crème de la

* die dunkelhäutige Natur.

** vor etwa zehn Jahren.

*** weiße Rasse.

crème. Ich vermute stark, dass Herr Gobineau, dans ce temps-là »premier secrétaire de la légation de France en Suisse«* nicht von einem alten fränkischen Krieger, sondern von einem modernen französischen huissier** abstammt. Wie dem auch sein mag, und trotz seines Hasses gegen die »race noire«*** (für solche Leute ist es stets eine Quelle der Genugtuung, jemanden zu haben, den sie ihrer Ansicht nach berechtigt sind zu mépriser†) erklärt er, dass »le nègre« ou »le sang noir« la source matérielle de l'art†† sei und das gesamte künstlerische Schaffen der weißen Nationen von ihrer Vermischung avec »le sang noir«††† abhänge.

[…] Old Nick

Karlsbald, 1. September 1874

Lieber Fred,

[…] Mein von Kugelmann mir vorgeschriebener Arzt, Östreicher, […] war im Anfang nicht ohne Besorgnis wegen meines Aufenthalts. Auf seinen Rat

* In jener Zeit »erster Sekretär der französischen Gesandtschaft in der Schweiz«.

** Türhüter.

*** schwarze Rasse.

† verachten.

†† »der Neger« oder das »schwarze Blut« als die materielle Quelle der Kunst.

††† mit »dem schwarzen Blut«.

bin ich eingeschrieben als *Charles* Marx, *Privatier*, London, welches »*Privatier*« zur Folge hat, dass ich die doppelte *Kurtaxe*, sowohl für mich als Eleanor, zu zahlen habe an die würdige Stadtkasse, aber den Verdacht fernhielt, ich sei der berüchtigte Karl Marx. Gestern war ich jedoch als solcher denunziert in dem Wiener Klatschblatt »*Sprudel*« (Badejournal), und der polnische Patriot Graf Plater (guter Katholik, liberaler Aristokrat) neben mir als »Chef der russischen Nihilisten«. Doch kommt dies jetzt wahrscheinlich zu spät, da ich Quittung von der Stadt über die bezahlte Kurtaxe besitze. Ich hätte auch viel wohlfeiler wohnen können, als Kugelmann mich eingehaust hat, doch war dies unter meinen spezifischen Verhältnissen von wegen des respektablen Aussehns nützlich, vielleicht notwendig. Ich reise *unter keinen Umständen*, obgleich Kugelmann das noch nicht weiß, über Hannover zurück, vielmehr den südlichen Weg, den ich gekommen bin. Dieser Mensch ennuyiert* mich mit seinen Gemütsquengeleien – oder Lümmeleien, womit er sich und seiner Familie völlig grundlos das Leben verbittert.

[…] Mohr

* langweilt.

Jenny Julia Eleanor Marx, Spitzname »Tussy«, war die jüngste Tochter von Marx und Jenny von Westphalen und, wie Marx sich gerne ausdrückte, sein »Kumpel«. Eleanor wollte Schauspielerin werden, doch sie stellte ihren Berufswunsch auf Bitten ihres Vaters zurück und wurde spätestens ab 1880 Marx' Sekretärin und engste Vertraute.

Karlsbad, 18. September 1874

Lieber Fred,

[…]

Infolge der Wasserwirkung* ist der Kopf hier sehr reizbar; Du begreifst daher, dass auf die Dauer der Kugelmann mir unerträglich wurde. Aus Gemütlichkeit hatte er mir ein Zimmer zwischen den seinigen und Tussys** gegeben, so dass ich ihn genoss, nicht nur, wenn ich mit ihm zusammen, sondern auch, wenn ich allein war. Sein beständiges, in tiefer Stimme vorgetragnes ernsthaftes Blechschwatzen trug ich mit Geduld; schon weniger das Hamburg-Bremen-Hannoversche Philisterpack, männlich und weiblich, das einen nicht losließ; endlich aber brach meine Geduld, als er mich mit seinen häuslichen Szenen gar zu sehr ennuyierte. Dieser erzpedantische, bürgerlich-kleinkramige Philister bildet sich nämlich ein, seine Frau verstehe, begreife seine faustische, in höherer Weltanschauung machende Natur nicht und quält das Dämchen, das ihm in jeder Hinsicht überlegen ist, auf das widrigste. Es kam daher zwischen uns zum Skandal; ich zog in eine höhere Etage, emanzipierte mich durchaus von ihm (er hatte mir ernstlich die Kur verdorben) und söhnten uns erst vor seiner Abreise (die letzten Sonntag erfolgte) wieder aus. Ich

* Kur.

** Eleanor Marx, jüngste Tochter von Karl Marx.

erklärte aber positiv, dass ich Hannover nicht heimsuchen würde.

[…] Mohr

London, 41, Maitland Park, N.W.
29. April 1881

Meine liebe Jenny,
Ich gratuliere Dir zur glücklichen Entbindung; ich nehme wenigstens an, dass alles in Ordnung ist, da Du Dir die Mühe gemacht hast, selber zu schreiben. Meine »Frauen« erwarteten, dass der »neue Erdenbürger«* »die bessere Hälfte« der Bevölkerung vermehren würde; ich ziehe meinerseits das »männliche« Geschlecht bei Kindern vor, die an diesem Wendepunkt der Geschichte geboren werden. Sie haben die revolutionärste Periode vor sich, die Menschen jemals zu bestehen hatten. Schlecht ist es jetzt, so »alt« zu sein, dass man nur voraussehen kann, statt zu sehen.

Der »Ankömmling« trifft ziemlich nahe an Deinem eigenen, Johnnys und meinem Geburtstag ein. Er bevorzugt wie wir den schönen Monat Mai. Ich bin natürlich von Mama (und Tussy, obgleich sie viel-

* Marcel Longuet (1881–1949), Sohn von Charles Longuet (1839–1903) und Jenny Caroline Longuet, geb. Marx (1844–1883).

leicht noch die Zeit findet, selber zu schreiben) beauftragt, Dir alles denkbar Gute zu wünschen, ich kann allerdings nicht einsehen, dass »Wünsche« zu irgend etwas gut sind außer dazu, die eigene Ohnmacht zu bemänteln.

[...] Dein Old Nick

London, 7 Décembre 1881

Mein liebes, gutes Jennychen,

[...] Gegen Gemütsleiden gibt es nur ein wirksames Antidot, und das ist körperlicher Schmerz. Setze den Weltuntergang auf die eine Seite und einen Mann mit akutem Zahnschmerz auf die andre!

[...]

Mit vielen Küssen für Dich und Deine »kleinen Männer« Dein treuer Vater K. M.

4. Januar 1882

Liebes Laurachen,

[...] Die Heftigkeit, womit die Bourgeoisblätter in Deutschland entweder meinen Tod oder doch den unvermeidlich nahen Eintritt desselben verkündet haben, hat mich sehr amüsiert, und ihnen zulieb muss sich »der mit der Welt zerfahrene Mann« notwendig wieder aktionsfähig machen.

[...] Dein Old Nick

III
»Bauer, Stirner und Konsorten« Über falsche Freunde und beste Feinde

Die Geschichte tut nichts, sie »besitzt *keinen* ungeheuren Reichtum«, sie »kämpft *keine* Kämpfe«! Es ist vielmehr *der Mensch*, der wirkliche, lebendige Mensch, der das alles tut, besitzt und kämpft; es ist nicht etwa die »Geschichte«, die den Menschen zum Mittel braucht, um *ihre* – als ob sie eine aparte Person wäre – Zwecke durchzuarbeiten, sondern sie ist *nichts* als die Tätigkeit des seine Zwecke verfolgenden Menschen. Wenn die *absolute* Kritik [...] untersteht, uns den ganzen alten Kram in neuer Gestalt wieder herzustellen, und zwar in demselben Augenblick, wo sie auf ihn als »*massenhaften*« Kram losschimpft, wozu sie um so weniger ein Recht hat, als sie zur Auflösung der Philosophie nie einen Finger rührte [...].

(Marx/Engels, *Die heilige Familie*)

Übrigens hat Heinzen* die »Zentralisation« von uns statt seiner »Föderativrepublik« angenommen etc. Wenn die Ansichten, die wir jetzt über Klassen verbreiten, trivial geworden und dem »gemeinen Men-

* Karl Heinze (1809–1880), radikaler Publizist.

schenverstand« als Mobiliar anheimgefallen sind, dann wird der Flegel sie mit großem Lärme als das neuste Produkt seines »eignen Scharfsinns« proklamieren und gegen unsre weitergehende Entwicklung anbellen. So bebellte er mit seinem »eignen Scharfsinn« die Hegelsche Philosophie, solange sie progressiv war. Jetzt nährt er sich mit ihren fad gewordnen und von Ruge wieder unverdaut ausgespuckten Brocken.

(An Joseph Wedemeyer, 5. März 1852)

Ich war vorgestern bei Dronke* in Southport. Er ist unförmlich dick geworden, was seiner Statur nicht zusagt. Bei ihm sah ich par accident** das ihm von einem deutschen Philister gepumpte Buch von Strauß:*** »Der neue und der alte Glaube«. Ich habe darin geblättert, und es zeigt wirklich große Schwäche des »*Volksstaat*«, dass keiner diesem verfluchten Pfaffen und Bismarckanbeter (der sich Großmannsairs† dem Sozialismus gegenüber gibt) auf den Kopf gehauen hat.

(An Friedrich Engels, 31. Mai 1873)

* Ernst Andreas Dominicus Dronke (1822–1891), Schriftsteller und radikaler Publizist, Mitglied im Bund der Kommunisten und Weggefährte von Marx.

** durch Zufall.

*** David Friedrich Strauß (1808–1874), deutscher Schriftsteller, Philosoph und Theologe. Er zählt zu den wichtigen Köpfen der sog. Linkshegelianer.

† Großmannsansehen.

Der alte Esel Ruge* hat, wie ich höre, einen Versuch gemacht, seine *Deutschen Jahrbücher* wieder aufzuwärmen. So weit, dass diese wieder möglich werden, wird die Geschichte nicht zurückgehn.

(*An Ferdinand Lassalle, 21. Dezember 1857*)

Wenn Sie mich fragen, wie ein A. Ruge, ein Mensch, der praktisch von jeher ganz unbrauchbar war, der theoretisch längst mit Tode abgegangen ist und sich nur durch klassisch konfusen Stil auszeichnet, wie er noch immer eine Rolle spielen kann, so bemerke ich zunächst, dass seine Rolle eine reine Zeitungslüge ist, die er mit der ihm eignen zähen Emsigkeit und durch alle kleinlichsten Mittel auszubreiten und sich selbst und anderen weiszumachen sucht. Was aber seine Stellung unter der hiesigen sog. Emigration betrifft, so gebührt sie ihm; wäre es auch nur als der Gosse, worin alle Widersprüche, Inkonsequenzen und Borniertheiten der Gesamtdemokratie zusammenfließen. Als der klassische Repräsentant ihrer allgemei-

* Arnold Ruge (1802–1880), deutscher Schriftsteller. 1843 ging Ruge nach Paris, wo er Marx kennenlernte. Zusammen mit ihm gab er zunächst die *Deutsch-Französischen Jahrbücher* heraus. 1844 wurde er Mitarbeiter von Marx' neu gegründeter Zeitschrift *Vorwärts!*. Bereits im Winter 1844 trennte sich Ruge aber wieder von Marx, vor allem deshalb, weil sie verschiedener Meinung über die kommunistischen Strömungen waren.

nen Ideenunklarheit und Konfusion, als ihr Konfuzius behauptet er mit Recht seinen Posten.

(*An Hermann Ebner, August 1851*)

Auf dem [British] Museum, wo ich nichts tat als Kataloge durchblättern, sah ich denn auch, dass Dühring* ein großer Philosoph ist. Er hat nämlich eine ›*Natürliche Dialektik*‹ geschrieben gegen Hegels ›unnatürliche‹.

(*An Friedrich Engels, 11. Januar 1868*)

Der hohlste und dürftigste Schädel unter den Philosophen** musste die Philosophie damit ›verenden‹ lassen, dass er seine Gedankenlosigkeit als das Ende der Philosophie und damit als den triumphierenden Eingang in das ›leibhaftige‹ Leben proklamierte. Seine philosophierende Gedankenlosigkeit war ja schon von selbst das Ende der Philosophie, wie seine unaussprechliche Sprache das Ende aller Sprachen.

(Marx/Engels, *Die deutsche Ideologie*)

* Eugen Dühring (1833–1921), deutscher Philosoph, Nationalökonom und entschiedender Antisemit. Engels publizierte 1878 seine unter Mitarbeit von Marx verfasste Streitschrift *Herrn Eugen Dührings Umwälzung der Wissenschaft* (auch als *Anti-Dühring* bezeichnet).

** Gemeint ist Max Stirner (1806–1856), bekannt durch seinen Text *Der Einzige und sein Eigentum*, der im Oktober 1844, vordatiert auf 1845, erschien.

Herr Lange* (Über *die Arbeiterfrage* etc., 2. Auflage) macht mir große Elogen, aber zu dem Behuf, sich selbst wichtig zu machen. Herr Lange hat nämlich eine große Entdeckung gemacht. Die ganze Geschichte ist unter ein einziges großes Naturgesetz zu subsumieren. Dies Naturgesetz ist die *Phrase* (– der Darwinsche Ausdruck wird in dieser Anwendung bloße Phrase –) »struggle for life«, »Kampf ums Dasein«, und der Inhalt dieser Phrase ist das Malthussche** Bevölkerungs- oder rather*** Übervölkerungsgesetz. Statt also den »struggle for life«, wie er sich geschichtlich in verschiednen bestimmten Gesellschaftsformen darstellt, zu analysieren, hat man nichts zu tun, als jeden konkreten Kampf in die Phrase »struggle for life« und diese Phrase in die Malthussche »Bevölkerungsphantasie« umzusetzen.

* Friedrich Albert Lange (1828–1875), deutscher Philosoph (Neukantianer), Pädagoge, Ökonom und Sozialist.

** Bekannt wurde der britische Ökonom Thomas Robert Malthus (1766–1834) vor allem durch seine Bevölkerungstheorie, die er in zwei Werken entwickelte, 1798 *An Essay on the Principle of Population* und 1820 *Principles of Economics.* Die in *An Essay on the Principle of Population* enthaltenen Überlegungen zum malthusschen »Bevölkerungsgesetz« regten Charles Darwin (1809–1882) zur Übertragung dieser Ideen auf das Zusammenleben der Spezies in der Natur und somit zur Entwicklung der Evolutionstheorie an.

*** vielmehr.

Man muss zugeben, dass dies eine sehr einbringliche Methode – für gespreizte, wissenschaftlich tuende, hochtrabende Unwissenheit und Denkfaulheit ist.

Was derselbe Lange über Hegelsche Methode und meine Anwendung derselben sagt, ist wahrhaft kindisch. Erstens versteht er rien* von Hegels Methode und darum zweitens noch viel weniger von meiner kritischen Weise, sie anzuwenden. In einer Hinsicht erinnert er mich an Moses Mendelssohn**. Dieser Urtyp eines Seichbeutels schrieb nämlich an Lessing, wie es ihm einfallen könne, »den toten Hund Spinoza« au sérieux zu nehmen!*** Ebenso wundert sich Herr Lange, dass Engels, ich usw. den toten Hund Hegel au sérieux nehmen, nachdem jedoch Büchner, Lange, Dr. Dühring, Fechner usw. längst darin übereingekommen sind, dass sie – poor deer† – ihn längst begraben haben. Lange ist so naiv zu sagen, dass ich mich in dem empirischen Stoff »mit seltenster Freiheit bewege«. Er hat keine Ahnung davon, dass diese »freie Bewegung im Stoff« durchaus nichts andres als Paraphrase ist für die *Methode*, den Stoff zu behandeln – nämlich die *dialektische Methode*.

(*An Ludwig Kugelmann, 27. Juni 1870*)

* nichts.
** Moses Mendelssohn (1729–1786), berühmter deutscher Philosoph der Aufklärung.
*** ernstzunehmen.
† armes Tier.

Von Bruno Bauer* habe ich einen ganzen lot pamphlets**, die er während des russischen Kriegs schrieb. Schwach und prätentiös. Der brave Mann hat jetzt zusammen mit seinem Bruder Egbert*** 50 Acker Land, vor Berlin, von dem Berliner Magistrat gepachtet. Edgars, des Londoners, alte Schwiegermutter – alte Wäscherin oder something of the sort† – soll das »Marktliche« besorgen. Dies, schreibt Bruno an Edgar, sei der Weg zur »Unabhängigkeit«. Er zahlt 5 Reichstaler Rente per acre, also 250 Reichstaler jährlich. Es ist alte Brache. Von dem Gewinn und Produkt dieses Landes denkt Bruno in den Stand gesetzt zu werden, mit Muße seine »Geschichte des Urchristentums« zu schreiben, die als »historische« Probe auf seine Evangelienkritik dienen soll. Es sind dies artige kritische Phantasien, und einigermaßen mag Bruno influenziert†† gewesen sein durch die Reminiszenz, dass Faust im 2. Teil Grundeigentümer†††

* Bruno Bauer (1809–1882), deutscher Theologe und Philosoph; zählte zu den sog. Linkshegelianern.

** eine ganze Menge Broschüren.

*** Edgar Bauer (1820–1886), Publizist und politischer Aktivist, zählte wie sein Bruder Bruno Bauer zu den sog. Linkshegelianern.

† etwas dieser Art.

†† hier: angesteckt.

††† In der *Tragödie Zweiter Teil* gewinnt Faust Land durch Hilfe Mephistos, indem er das Meer zurückdrängt bzw. eindämmt.

wird. Er vergisst nur, dass der Faust das Geld zu dieser Transformation vom Teufel erhielt.

(An Friedrich Engels, 10. Januar 1857)

Ich sende Dir das Blatt* des Clown Edgar Bauer. Der Mann, der großer Kommunist und Arbeiterrepräsentant geworden ist, pfeift mit seinem Blättchen aus dem letzten Loch. Der erste Artikel »Zank« ist direkt gegen mich gerichtet. Ich soll mich nämlich schweigend an Herrn Edgar anschließen und aus meiner »mürrischen« und »misstrauischen« Vereinzlung heraustreten. Der Clown ist reiner Moralprediger geworden. Den »Hermann« wagt er nicht anzugreifen, weil er fürchtet, dass die Kerls ihm sein »past«** aufdecken würden.

(An Friedrich Engels, 16. März 1859)

Hast Du jemals einen größern Blödsinn gelesen, als [den] B. Bauer-Artikel in der »Tribune«: »Der Verfall Englands«. Am charakteristischsten für den unverbesserlichen alten Theologen ist folgende Stelle: »Während das englische Parlament bisher die römische Politik verfolgte und die Lebenstriebe des Vol-

* *Die Neue Zeit.*
** Vorleben.

kes, den Unternehmungsdrang der Nation zur Gründung seiner Weltherrschaft benutzte, während es gleichfalls in altrömischem Geiste die *innern britischen Differenzen*, wie z. B. die *Differenz der Hochkirche*, des *schottischen Presbyterianismus* und des *irischen Katholizismus*, zur Ausbildung und Entwicklung seiner aristokratischen Kunst der Herrschaft benutzte, ist es jetzt im kontinentalen Kampf zwischen den Völkern und Regierungen zur Partei geworden und tritt es in demselben Augenblick für den Konstitutionalismus als Partei auf, wo derselbe seinem unleugbaren Verfall entgegengeht.« Wenn das nicht gut für die Wanzläus* ist, so weiß ich nicht, was besser ist.

(*An Friedrich Engels, 30. April 1852*)

Herr Bauer begreift *nur* das *religiöse* Wesen des Judentums, nicht aber die *weltliche*, *reale Grundlage* dieses religiösen Wesens. Er bekämpft das *religiöse Bewusstsein* als ein selbständiges Wesen. Herr Bauer erklärt daher die *wirklichen* Juden aus der *jüdischen Religion*, statt das Geheimnis der jüdischen Religion aus den *wirklichen Juden* zu erklären. Herr Bauer versteht den Juden also nur, insoweit er unmittelbarer Gegenstand der *Theologie* oder *Theologe* ist.

Herr Bauer ahnt daher nicht, dass das wirkliche,

* »Kleiderlaus«.

weltliche Judentum und darum *auch* das *religiöse* Judentum fortwährend von dem *heutigen bürgerlichen Leben* erzeugt wird und im *Geldsystem* seine letzte Ausbildung erhält. Er konnte dies nicht ahnen, weil er das Judentum nicht als Glied der wirklichen Welt, sondern nur als Glied *seiner* Welt, *der Theologie*, kannte, weil er als ein frommer und gottergebener Mann nicht im tätigen *Werkeltagsjuden*, sondern im scheinheiligen *Sabbatjuden* den *wirklichen* Juden erblickte. Für Herrn Bauer, als *christgläubigen* Theologen, musste die *weltgeschichtliche* Bedeutung des Judentums von der *Geburtsstunde* des Christentums an aufhören.

(Marx/Engels, *Die heilige Familie*)

Die gesamte deutsche philosophische Kritik von Strauß bis Stirner beschränkt sich auf Kritik der *religiösen* Vorstellungen. [...] Der Fortschritt bestand darin, die angeblich herrschenden metaphysischen, politischen, rechtlichen, moralischen und andern Vorstellungen auch unter die Sphäre der religiösen oder theologischen Vorstellungen zu subsumieren; ebenso das politische, rechtliche, moralische Bewusstsein für religiöses oder theologisches Bewusstsein, und den politischen, rechtlichen, moralischen Menschen, in letzter Instanz »*den* Menschen«, für religiös zu erklären. Die Herrschaft der Religion wurde vorausgesetzt. Nach und nach wurde jedes herrschende Verhältnis für ein Verhältnis der Religion erklärt und in Kultus verwandelt, Kultus des Rechts, Kultus des Staats pp.* Überall hatte man es nur mit Dogmen und dem Glauben an Dogmen zu tun. Die Welt wurde in immer größerer Ausdehnung kanonisiert, bis endlich der ehrwürdige Sankt Max** sie en bloc heiligsprechen und damit ein für allemal abfertigen konnte.

Die Althegelianer hatten Alles *begriffen*, sobald es auf eine Hegelsche logische Kategorie zurückgeführt war. Die Junghegelianer *kritisierten* Alles, indem sie ihm religiöse Vorstellungen unterschoben oder es für theologisch erklärten. [...] Die junghegelschen Ideologen sind trotz ihrer angeblich »welterschütternden« Phrasen die größten Konservativen. Die jüngsten von ihnen haben den richtigen Ausdruck für ihre Tätigkeit gefunden, wenn sie behaupten, nur gegen »*Phrasen*« zu kämpfen. Sie vergessen nur, dass sie diesen Phrasen selbst nichts als Phrasen entgegensetzen, und dass sie die wirkliche bestehende Welt keineswegs bekämpfen, wenn sie nur die Phrasen dieser Welt bekämpfen. Die einzigen Resultate, wozu diese philosophische Kritik es bringen konnte, waren einige und noch dazu einseitige religionsgeschichtliche Aufklärungen über das Christentum; ihre sämtlichen

* lat.: perge, perge = fahre fort, fahre fort.
** Max Stirner.

sonstigen Behauptungen sind nur weitere Ausschmückungen ihres Anspruchs, mit diesen unbedeutenden Aufklärungen welthistorische Entdeckungen geliefert zu haben.

Keinem von diesen Philosophen ist es eingefallen, nach dem Zusammenhange der deutschen Philosophie mit der deutschen Wirklichkeit, nach dem Zusammenhange ihrer Kritik mit ihrer eignen materiellen Umgebung zu fragen.

(Marx/Engels, *Die deutsche Ideologie*)

Man muss »die Philosophie beiseite liegenlassen« (Wig[and]*, vgl. Heß,** »Die letzten Philosophen«), man muss aus ihr herausspringen und sich als ein gewöhnlicher Mensch an das Studium der Wirklichkeit geben, wozu auch literarisch ein ungeheures, den Philosophen natürlich unbekanntes Material vorliegt; und wenn man dann einmal wieder Leute wie *Krummacher* oder »*Stirner*« vor sich bekommt, so findet man, dass man sie längst »hinter« und unter

* Otto Friedrich Wigand (1795–1870), ein deutscher Verleger und Politiker. In seiner Leipziger Druckerei wurde die Erstausgabe des ersten Bandes von Marx *Kapital* gefertigt, die 1867 bei dem Hamburger Verleger Otto Meissner erschien.

** Moses Heß (1812–1875), deutsch-jüdischer Philosoph und Schriftsteller. Er zählte zu den Frühsozialisten.

sich hat. Philosophie und Studium der wirklichen Welt verhalten sich zueinander wie Onanie und Geschlechtsliebe. [...]

(Marx/Engels, *Die deutsche Ideologie*)

Vor einigen Tagen erhielt ich einen Brief von dem kleinen Meyen*, dessen Lieblingskategorie mit großem Recht das *Sollen* ist, worin man mich über mein Verhältnis 1. zu Ihnen und H[erwegh]**, 2. zu den »Freien«***, 3. über das neue Redaktionsprinzip und die Stellung zur Regierung in Rede stellt. Ich antwortete gleich und sprach offen meine Ansicht aus von den Mängeln ihrer Arbeiten, die mehr in einer lizentiösen, sanskülottischen† und dabei bequemen Form, als in *freiem*, d. h. selbständigem und tiefem Gehalt, die Freiheit finden. Ich forderte auf, weniger

* Eduard Meyen (1812–1870), Schriftsteller und Publizist, Junghegelianer.

** Georg Herwegh (1817–1875), sozialistisch-revolutionärer deutscher Dichter des Vormärz und Übersetzer.

*** Gemeint sind die Berliner Junghegelianer.

† Als Sansculottes wurden in der Zeit der Französischen Revolution (1789–1799) die Pariser Arbeiter und Kleinbürger bezeichnet, also jene Menschen, die von körperlicher Arbeit lebten. Zu ihrem »Markenzeichen« gehörte, dass sie demonstrativ keine Kniebundhosen (sog. Culottes) trugen, sondern lange Hosen, die zur Arbeit am besten geeignet waren.

vages Räsonnement, großklingende Phrasen, selbstgefällige Bespiegelungen und mehr Bestimmtheit, mehr Eingehn in die konkreten Zustände, mehr Sachkenntnis an den Tag zu fördern. Ich erklärte, dass ich das Einschmuggeln kommunistischer und sozialistischer Dogmen, also einer neuen Weltanschauung, in beiläufigen Theaterkritiken etc. für unpassend, ja für unsittlich halte und eine ganz andere und gründlichere Besprechung des Kommunismus, wenn er einmal besprochen werden solle, verlange. Ich begehrte dann, die Religion mehr in der Kritik der politischen Zustände, als die politischen Zustände in der Religion zu kritisieren, da diese Wendung mehr dem Wesen einer Zeitung und der Bildung des Publikums entspricht, da die Religion, an sich inhaltslos, nicht vom Himmel, sondern von der Erde lebt, und mit der Auflösung der verkehrten Realität, deren *Theorie* sie ist, von selbst stürzt. Endlich wollte ich, dass, wenn einmal von Philosophie gesprochen, weniger mit der *Firma*: »Atheismus« getändelt (was den Kindern ähnlich sieht, die jedem, der's hören will, versichern, sie fürchteten sich nicht vor dem Bautzemann), als vielmehr ihr Inhalt unter's Volk gebracht würde. Voilà tout.*

(*An Arnold Ruge, 30. November 1842*)

* Das ist alles.

Sehn alle diese Sätze nicht aus, als wenn der Franzose absichtlich seine passion dem actus purus* des deutschen Denkens entgegengesetzt hätte? Man denkt nicht, um zu denken etc.

Wie schwer es den Deutschen fällt, aus der entgegengesetzten Einseitigkeit herauszukommen, davon hat mein vieljähriger – jetzt aber mir mehr entfremdeter – Freund *Bruno Bauer* in seiner kritischen Berliner »Literatur-Zeitung« einen neuen Beweis gegeben. Ich weiß nicht, ob Sie dieselbe gelesen haben. Es ist darin viel stillschweigende Polemik gegen Sie.

Der Charakter dieser »Literatur-Zeitung« lässt sich darauf reduzieren: Die »Kritik« wird in ein transzendentes Wesen verwandelt. Jene Berliner halten sich nicht für *Menschen*, die *kritisieren*, sondern für *Kritiker*, die *nebenbei* das Unglück haben, Menschen zu sein. Sie erkennen daher nur ein *wirkliches* Bedürfnis an, das Bedürfnis der *theoretischen* Kritik. Leuten wie Proudhon wird daher vorgeworfen, dass sie ihren Ausgangspunkt von einem *»praktischen«* *»Bedürfnis«* nehmen. Diese Kritik verläuft sich daher in einen traurigen und vornehmtuenden Spiritualismus. Das *Bewusstsein* oder *Selbstbewusstsein* wird als die *einzige* menschliche Qualität betrachtet. Die Liebe z. B. wird geleugnet, weil in ihr die Geliebte nur *»Gegenstand«*

* der reinen Form, Tätigkeit.

sei. À bas* mit dem Gegenstand! Diese Kritik hält sich daher für das einzige *aktive* Element der Geschichte. Ihr gegenüber steht die ganze Menschheit als Masse, als träge *Masse*, die nur durch den Gegensatz zum Geist Wert hat. Als höchstes Verbrechen wird es daher betrachtet, wenn der Kritiker *Gemüt* oder *Leidenschaft* hat, er muss ein *ironischer eiskalter* σοφός** sein.

Bauer erklärt daher *wörtlich*:

»Der Kritiker nehme weder an den Leiden, noch an den Freuden der Gesellschaft teil; er kenne weder Freundschaft und Liebe, noch Hass und Missgunst; er throne in der Einsamkeit, wo nur manchmal das Gelächter der olympischen Götter über die Verkehrtheit der Welt von seinen Lippen schallt«.

Der Ton der Bauerschen »Literatur-Zeitung« ist daher ein Ton der leidenschaftslosen *Verachtung*, und er macht sich diese um so leichter, als er die von Ihnen und der Zeit überhaupt gelieferten Resultate andern an den Kopf wirft. Er deckt nur Widersprüche auf, und von diesem Geschäft befriedigt, zieht er mit einem verächtlichen »Hm« ab. Er erklärt, die Kritik *gebe* nichts, dazu ist sie viel zu spirituell. Ja, er spricht gradezu die Hoffnung aus: »die Zeit sei nicht mehr fern, wo die ganze verfallende Menschheit sich der

* Nieder.

** Weiser, Gelehrter.

Kritik« – und *die Kritik* ist *er* und *Comp.* – »gegenüberscharen werde; sie würden diese Masse dann in verschiedne Gruppen sondieren und ihnen allen das testimonium paupertatis* austeilen«.

Es scheint: Bauer hat aus *Rivalität* gegen *Christus* gekämpft. Ich werde eine kleine Broschüre gegen diese Verirrung der Kritik erscheinen lassen.**

(*An Ludwig Feuerbach, 11. August 1844*)

Schon die Zeitschrift Loustalots*** vom Jahre 1789 führt das Motto:

Les grands ne nous paraissent grands
Que parce que nous sommes à genoux
– – – Levons nous! – –†

Aber um sich zu heben, genügt es nicht, sich in *Gedanken* zu heben und über dem *wirklichen*, *sinnlichen Kopf* das *wirkliche*, *sinnliche* Joch, das nicht mit Ideen

* Zeugnis der Armut.

** Gemeint ist die von Marx und Engels gemeinsam verfasste Schrift *Die heilige Familie, oder Kritik der kritischen Kritik. Gegen Bruno Bauer & Consorten*, die 1845 erschien.

*** Gemeint ist *Révolution de Paris* des französischen Journalisten Élisée Loustallot (1761–1790).

† Die Großen erscheinen uns nur groß, weil wir auf den Knien liegen. Erheben wir uns!

wegzuspintisieren ist, schweben zu lassen. Die *absolute Kritik* jedoch hat von der Hegelschen *Phänomenologie* wenigstens die Kunst erlernt, *reale*, *objektive*, *außer mir* existierende Ketten in *bloß ideelle*, bloß *subjektive*, bloß *in mir* existierende Ketten und daher alle *äußerlichen*, sinnlichen Kämpfe in reine Gedankenkämpfe zu verwandeln. [...]

Die absolute Kritik hat die »*Masse*« für *den wahren Feind* des *Geistes* erklärt. [...]

Wie unendlich *geistreich* ist nun die »absolute Kritik«, welche angesichts dieser intellektuellen und praktischen Tatsachen nur die *eine* Seite des Verhältnisses, den beständigen Schiffbruch des Geistes, einseitig auffasst und in ihrem Verdruss hierüber noch einen *Widersacher des* »Geistes« sucht, den sie in *der* »Masse« findet! Schließlich läuft diese große kritische *Entdeckung* auf eine *Tautologie* hinaus. *Der* Geist hatte nach ihrer Ansicht bisher eine Schranke, ein Hindernis, d. h. einen *Widersacher*, *weil* er einen *Widersacher* hatte. Wer ist nun der Widersacher des *Geistes*? *Die Geistlosigkeit*. Die Masse ist nämlich nur als »Gegensatz« des Geistes bestimmt, als *Geistlosigkeit* und als die näheren Bestimmungen der Geistlosigkeit, als »Indolenz«, »Oberflächlichkeit«, »Selbstzufriedenheit«. [...]

Auf der einen Seite steht die Masse als das passive, geistlose, geschichtslose, *materielle* Element der Geschichte; auf der andern Seite steht: *der* Geist, *die*

Kritik, Herr Bruno & Comp. als das aktive Element, von welchem alle *geschichtliche* Handlung ausgeht. Der Umgestaltungsakt der Gesellschaft reduziert sich auf die *Hirntätigkeit* der kritischen Kritik.

Ja, das Verhältnis der Kritik, also auch der inkarnierten Kritik, Herrn Brunos & Comp., zur Masse ist in Wahrheit das *einzige* geschichtliche Verhältnis der Gegenwart. Auf die Bewegung dieser beiden Seiten gegeneinander reduziert sich die ganze jetzige Geschichte. Alle Gegensätze haben sich in diesem *kritischen* Gegensatz aufgelöst.

Die kritische Kritik, welche sich nur an ihrem Gegensatz, der Masse, der *Dummheit*, *gegenständlich* wird, muss sich daher beständig diesen Gegensatz *erzeugen*, […]

(Marx/Engels, *Die heilige Familie*)

Er* besitzt eine viel bessre Sammlung unsrer Arbeiten, als wir beide zusammengenommen. Hier fand ich auch die »Heilige Familie« wieder, die er mir geschenkt hat und wovon er Dir ein Exemplar schicken wird. Ich war angenehm überrascht, zu finden, dass wir uns der Arbeit nicht zu schämen haben, obgleich der Feuerbachkultus jetzt sehr humoristisch auf einen wirkt.

(*An Friedrich Engels, 24. April 1867*)

* Ludwig Kugelmann (1828–1902).

Mit dem Darwin*, den ich wieder angesehn, amüsiert mich, dass er sagt, er wende die »Malthussche« Theorie *auch* auf Pflanzen und Tiere an, als ob bei Herrn Malthus der Witz nicht darin bestände, dass sie *nicht* auf Pflanzen und Tiere, sondern nur auf Menschen – mit der geometrischen Progression – angewandt wird im Gegensatz zu Pflanzen und Tieren. Es ist merkwürdig, wie Darwin unter Bestien und Pflanzen seine englische Gesellschaft mit ihrer Teilung der Arbeit, Konkurrenz, Aufschluss neuer Märkte, »Erfindungen« und Malthusschem »Kampf ums Dasein« wiedererkennt. Es ist Hobbes** bellum omnium contra omnes***, und es erinnert an Hegel in der »Phänomenologie«, wo die bürgerliche Gesellschaft als »geistiges Tierreich«, während bei Darwin das Tierreich als bürgerliche Gesellschaft figuriert.

(*An Friedrich Engels, 18. Juni 1862*)

Seitdem jedoch Darwin unsre gemeinschaftliche Abkunft von den Affen bewiesen hat, kann kaum

* Charles Darwin (1809–1882), Biologe und Evolutionstheoretiker.

** Thomas Hobbes (1588–1679), englischer Mathematiker, Staatstheoretiker und Philosoph. Hobbes entwickelte in seinem Hauptwerk *Leviathan* (1651) eine Theorie des aufgeklärten Absolutismus.

*** Krieg aller gegen alle.

noch any shock whatever* »unsern Ahnenstolz« erschüttern.

(*An Lion Philips, 25. Juni 1864*)

Mir scheint: Positive Philosophie gleichbedeutend mit Unwissenheit über alles Positive.

(*An Friedrich Engels, 20. März 1869*)

Seit Hegels Tod ist kaum ein Versuch gemacht worden, eine Wissenschaft in ihrem eignen, inneren Zusammenhang zu entwickeln. Die offizielle Hegelsche Schule hatte von der Dialektik des Meisters nur die Manipulation der allereinfachsten Kunstgriffe sich angeeignet, die sie auf alles und jedes, und oft noch mit lächerlichem Ungeschick, anwandte. Die ganze Hinterlassenschaft Hegels beschränkte sich für sie auf eine pure Schablone mit deren Hülfe jedes Thema zurechtkonstruiert wurde, und auf ein Register von Wörtern und Wendungen, die keinen andern Zweck mehr hatten, als sich zur rechten Zeit einzustellen, wo Gedanken und positive Kenntnisse fehlten. So kam es, dass, wie ein Bonner Professor sagte, diese Hegelianer von nichts etwas verstanden, aber über alles schreiben konnten. Es war freilich auch da-

* irgendein Schock überhaupt.

nach. Indessen hatten doch diese Herren, trotz ihrer Suffisance, so sehr das Bewusstsein ihrer Schwäche, dass sie sich von großen Aufgaben möglichst fernhielten; die alte Zopfwissenschaft behauptete ihr Terrain durch Überlegenheit an positivem Wissen; und als erst Feuerbach* dem spekulativen Begriff aufgekündigt hatte, schlief die Hegelei allmählich ein, und es schien, als habe das Reich der alten Metaphysik mit ihren fixen Kategorien von neuem in der Wissenschaft begonnen.

Die Sache hatte ihren natürlichen Grund. Auf das Regime der Hegelschen Diadochen**, das sich in pure Phrasen verlaufen hatte, folgte naturgemäß eine Epoche, in der der positive Inhalt der Wissenschaft wieder die formelle Seite überwog. Deutschland warf sich aber auch gleichzeitig mit einer ganz außerordentlichen Energie auf die Naturwissenschaften, entsprechend der gewaltigen bürgerlichen Entwicklung seit 1848; und mit dem Modewerden dieser Wissenschaften, in denen die spekulative Richtung nie zu irgendwelcher bedeutenden Geltung gekommen war, riss auch die alte metaphysische Manier des Denkens bis auf die äußerste Wolffsche*** Plattheit wieder ein.

* Ludwig Feuerbach (1804–1872), heftiger Kritiker des Christentums.

** Nachfolger, also diejenigen, die etwas für einen bzw. von einem anderen übernehmen.

*** Christian Wolff (1679–1754), Philosoph und in seiner Zeit

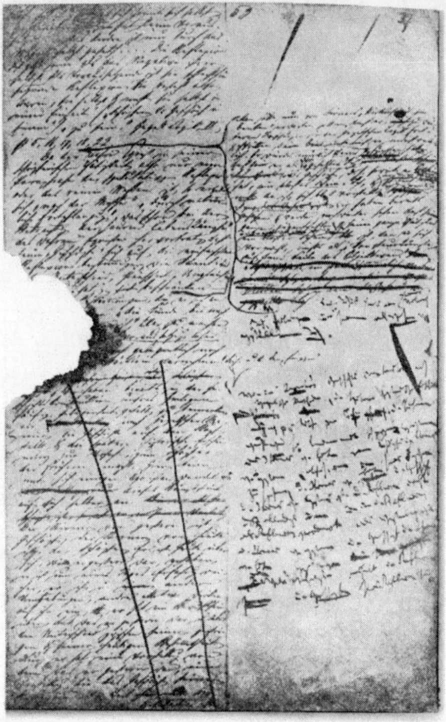

Manuskriptseiten aus der von Marx und Engels in den Jahren 1845–47 gemeinsam verfassten Streitschrift *Die deutsche Ideologie* (mit Zeichnungen von Engels). Jahre später, im Vorwort von *Zur Kritik der politischen Ökonomie* (1895), schrieb Marx: »als [Engels] sich im Frühling 1845 ebenfalls in Brüssel niederließ, beschlossen wir, den Gegensatz unsrer Ansicht gegen die ideologische der deutschen Philosophie gemeinschaftlich auszuarbeiten, in der Tat mit unserm ehemaligen philosophischen Gewissen abzurechnen. Der

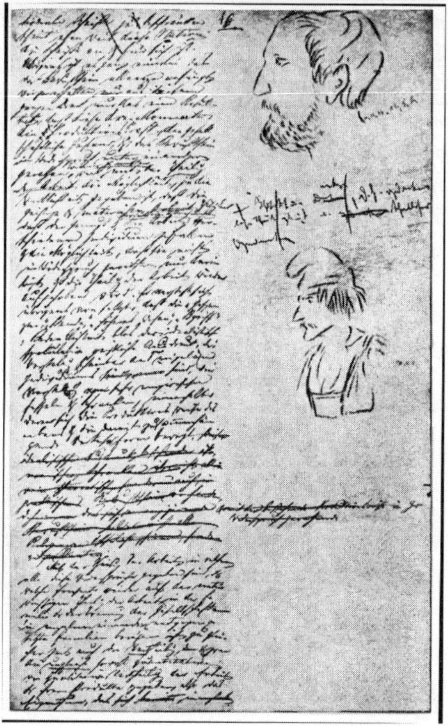

Vorsatz ward ausgeführt in der Form einer Kritik der nachhegelschen Philosophie. Das Manuskript [*Die deutsche Ideologie*], zwei starke Oktavbände, war längst an seinem Verlagsort in Westphalen angelangt, als wir die Nachricht erhielten, dass veränderte Umstände den Druck nicht erlaubten. Wir überließen das Manuskript der nagenden Kritik der Mäuse um so williger, als wir unsern Hauptzweck erreicht hatten – Selbstverständigung« (MEW 13,10).

Hegel war verschollen, es entwickelte sich der neue naturwissenschaftliche Materialismus, der sich von dem des 18. Jahrhunderts theoretisch fast gar nicht unterscheidet und meist nur das reichere naturwissenschaftliche, namentlich chemische und physiologische, Material voraus hat. Bis zur äußersten Platitüde reproduziert finden wir die bornierte Philisterdenkweise der vorkantischen Zeit bei Büchner* und Vogt,** und selbst Moleschott,*** der auf Feuerbach schwört, reitet sich jeden Augenblick auf höchst ergötzliche Weise zwischen den allereinfachsten Kategorien fest. Der steife Karrengaul des bürgerlichen Alltagsverstandes stockt natürlich verlegen vor dem Graben, der Wesen von Erscheinung, Ursache von Wirkung trennt; wenn man aber auf das sehr kupierte† Terrain des abstrakten Denkens par force jagen geht, so muss man eben keine Karrengäule reiten.

(Engels/Marx, »*Zur Kritik der Politische Ökonomie*«, Rezension 1859)

einflussreicher Logiker.

* Ludwig Büchner (1824–1899), Arzt, Naturwissenschaftler und Philosoph; neben Carl Vogt (1817–1895) und Jakob Moleschott (1822–1893) wichtigster Vertreter des sog. naturwissenschaftlichen Materialismus.

** Carl Vogt (1817–1895), deutsch-schweizerischer Naturwissenschaftler und demokratischer Politiker.

*** Jakob Moleschott (1822–1893), niederländischer Arzt und Physiologe.

† hier: beschnittene.

Allüberall wird man mit der Frage gequält: Was denken Sie von Wagner*? Höchst charakteristisch für diesen neudeutsch-preußischen Reichsmusikanten: Er nebst Gattin (der von Bülow sich getrennt habenden), nebst Hahnrei Bülow**, nebst ihnen gemeinschaftlichem Schwiegervater Liszt hausen in Bayreuth alle vier einträchtig zusammen, herzen, küssen und adorieren sich und lassen sich's wohl sein. Bedenkt man nun außerdem, dass Liszt*** römischer Mönch und Madame Wagner (Cosima mit Vornamen) seine von Madame d'Agoult (Daniel Stern)† gewonnene »natürliche« Tochter ist – so kann man kaum einen besseren *Operntext* für Offenbach†† ersinnen als diese Familiengruppe mit ihren patriarchalischen Beziehungen. Es ließen sich die Begebenheiten dieser Gruppe – wie die Nibelungen – auch in einer Tetralogie darstellen.

(*An Jenny Longnet, Ende August / Anfang September 1876*)

* Richard Wagner (1813–1883), deutscher Komponist.
** Hans von Bülow (1830–1894), Dirigent und Musiker.
*** Franz Liszt (1811–1886), Pianist und Komponist.
† Marie Cathérine Sophie de Flavigny, Pseudonym »Daniel Stern« (1805–1876).
†† Jacques Offenbach (1819–1880), Operettenkomponist, etwa von *Orfée en enfer* (*Orpheus in der Unterwelt*).

Nach der bisherigen *unkritischen*, also nicht im Sinn der absoluten Kritik verfassten Geschichte ist ferner genau zu unterscheiden, inwieweit die *Masse* sich für Zwecke »*interessierte*« und wieweit sie sich für dieselben »*enthusiasmierte*«. Die »*Idee*« blamierte sich immer, soweit sie von dem »*Interesse*« unterschieden war.

(Marx/Engels, *Die heilige Familie*)

Der Kampf der Philosophen gegen die »Substanz« und ihre gänzliche Vernachlässigung der Teilung der Arbeit, der materiellen Grundlage, aus der das Phantom der Substanz hervorgegangen ist, beweist eben nur, dass es diesen Helden nur um die Vernichtung der Phrasen zu tun ist und keineswegs um die Veränderung der Verhältnisse, aus denen diese Phrasen entstehen mussten.

(Marx/Engels, *Die deutsche Ideologie*)

IV

»Die parlamentarische Weisheit im Kern« Über Politiker, Parteisoldaten und andere Kandidaten

Die Wahlphilosophie der Parlamentskandidaten besteht demnach einfach darin, dass sie ihrer linken Hand erlauben, nicht zu wissen, was ihre rechte Hand tut, und so waschen sie beide Hände in Unschuld. Ihre Hosentaschen zu öffnen, keine Fragen zu stellen und an die allgemeine Tugend der Menschheit zu glauben – das dient ihren Absichten am allerbesten.

(*Wahlkorruption in England*)

Anderen etwas vormachen und sich dabei selbst etwas vormachen – das ist die parlamentarische Weisheit in der Nussschale.

(*An Nikolai Danielson, 19. Februar 1881*)

[Wer sich zwischen zwei bürgerlichen Regierungen entscheiden muss, ist] in der Lage von Buridans Esel, zwar nicht zwischen zwei Säcken Heu, um zu entscheiden, welcher der anziehendere, wohl aber zwischen zwei Trachten Prügel, um zu entscheiden, welche die härtere sei.

(*Der 18. Brumaire des Louis Bonaparte*)

Aber der Demokrat, weil er das Kleinbürgertum vertritt, also eine Übergangsklasse, worin die Interessen zweier Klassen sich zugleich abstumpfen, dünkt sich über den Klassengegensatz überhaupt erhaben.

(*Der 18. Brumaire des Louis Bonaparte*)

In einer fortgeschrittenen Gesellschaft und durch den Zwang seiner Lage wird der Kleinbürger einesteils Sozialist, anderenteils Ökonom, d. h. er ist geblendet von der Herrlichkeit der großen Bourgeoisie und hat Mitgefühl für die Leiden des Volkes. Er ist Bourgeois und Volk zugleich. Im Innersten seines Gewissens schmeichelt er sich, unparteiisch zu sein, das rechte Gleichgewicht gefunden zu haben, das den Anspruch erhebt, etwas anderes zu sein als das rechte juste-milieu.* Ein solcher Kleinbürger vergöttlicht den Widerspruch, weil der Widerspruch der Kern seines Wesens ist. Er selber ist bloß der soziale Widerspruch in Aktion.

(*An Pawel W. Annenkow, 28. Dezember 1846*)

Für den Kleinbürger, der in der Warenproduktion den Gipfelpunkt menschlicher Freiheit und individueller Unabhängigkeit erblickt, wäre es natürlich sehr

* wörtl.: richtige Mitte; Schlagwort für das lavierende Regierungssystem Louis-Phillippes.

wünschenswert, der mit dieser Form verbundenen Missstände enthoben zu sein.

(*Das Kapital*)

Die Bürokratie ist ein Kreis, aus dem niemand herausspringen kann. Ihre Hierarchie ist eine Hierarchie des Wissens. Die Spitze vertraut den unteren Kreisen die Einsicht ins Einzelne zu, wogegen die unteren Kreise der Spitze die Einsicht in das Allgemeine zutrauen, und so täuschen sie sich wechselseitig.

(*Hegelsches Staatsrecht / Zur Kritik der Hegelschen Rechtsphilosophie*)

Die Bürokratie gilt sich selbst als der letzte Endzweck des Staates. Da die Bürokratie ihre »formellen« Zwecke zu ihrem Inhalt macht, so gerät sie überall in Konflikt mit den »reellen« Zwecken. Die Staatszwecke verwandeln sich in Bürozwecke oder die Bürozwecke in Staatszwecke.

Hegel spricht später (§ 308 Anmerkung) den eigentlichen Geist der Bürokratie aus, wenn er ihn als »Geschäftsroutine« und den »Horizont einer beschränkten Sphäre« bezeichnet.

(*Kritik des Hegelschen Staatsrechts*)

Und es gehörte jene eigentümliche Krankheit dazu, die seit 1848 auf dem ganzen Kontinent sich ausbreitete, der parlamentarische Idiotismus, der die Angesteckten in eine eingebildete Welt festbannt und ihnen allen Sinn, alle Erinnerung, alles Verständnis, für die rauhe Außenwelt raubt.

(*Der 18. Brumaire des Louis Bonaparte*)

Erst unter dem zweiten Bonaparte scheint sich der Staat völlig verselbständigt zu haben. Die Staatsmaschinerie hat sich der bürgerlichen Gesellschaft gegenüber so befestigt, dass an der Spitze der Chef der Gesellschaft vom 10.Dezember genügt, ein aus der Fremde herbeigelaufener Glücksritter, auf den Schild gehoben von einer trunkenen Soldateska, die er durch Schnaps und Würste erkauft hat, nach der er stets von neuem mit der Wurst werfen muss. Daher die kleinlaute Verzweiflung, das Gefühl der ungeheuersten Demütigung, Herabwürdigung, das die Brust Frankreichs beklemmt und seinen Atem stocken lässt. Es fühlt sich wie entehrt.

Und dennoch schwebt die Staatsgewalt nicht in der Luft. Bonaparte vertritt eine Klasse [...].

(*Der 18. Brumaire des Louis Bonaparte*)

Die Bourgeoisie, wo sie zur Herrschaft gekommen, hat alle feudalen, patriarchalischen, idyllischen Verhältnisse zerstört. Sie hat die buntscheckigen Feudalbande, die den Menschen an seinen natürlichen Vorgesetzten knüpften, unbarmherzig zerrissen und kein anderes Band zwischen Mensch und Mensch übriggelassen als das nackte Interesse, als die gefühllose bare Zahlung.

Sie hat die heiligen Schauer der frommen Schwärmerei, der ritterlichen Begeisterung, der spießbürgerlichen Wehmut in dem eiskalten Wasser egoistischer Berechnung ertränkt. Sie hat die persönliche Würde in den Tauschwert aufgelöst und an die Stelle der zahllosen verbrieften und wohlerworbenen Freiheiten die eine gewissenlose Handelsfreiheit gesetzt.

Sie hat, mit einem Wort, an die Stelle der mit religiösen und politischen Illusionen verhüllten Ausbeutung die offene, unverschämte, direktere, dürre Ausbeutung gesetzt.

Die Bourgeoisie hat alle bisher ehrwürdigen und mit frommer Scheu betrachteten Tätigkeiten ihres Heiligenscheins entkleidet. Sie hat den Arzt, den Juristen, den Pfaffen, den Poeten, den Mann der Wissenschaft in ihre bezahlten Lohnarbeiter verwandelt.

Die Bourgeoisie hat dem Familienverhältnis seinen rührend-sentimentalen Schleier abgerissen und es auf ein reines Geldverhältnis zurückgeführt.

Die Bourgeoisie hat enthüllt, wie die brutale Kraftäußerung, die die Reaktion so sehr am Mittelalter bewundert, in der trägsten Bärenhäuterei* ihre passende Ergänzung fand. Erst sie hat bewiesen, was die Tätigkeiten der Menschen zustande bringen kann. Sie hat ganz andere Wunderwerke vollbracht als ägyptische Pyramiden, römische Wasserleitungen und gotische Kathedralen, sie hat ganz andere Züge ausgeführt als Völkerwanderungen und Kreuzzüge.

(Marx/Engels, *Manifest der Kommunistischen Partei*)

Ist nicht jede Staatsschuld eine Hypothek, die dem Fleiß eines ganzen Volkes auferlegt wird, und ein Beschneiden seiner Freiheit? Lässt sie nicht eine neue Gesellschaft unsichtbarer Tyrannen entstehen, die unter der Bezeichnung öffentlicher Gläubiger bekannt ist?

(*Die neue sardinische Anleihe – Die bevorstehende französische und die indische Anleihe*)

Die Steuern sind die wirtschaftliche Grundlage der Regierungsmaschine und von sonst nichts.

(*Kritik des Gothaer Programms*)

* Anspielung auf jemanden, der nicht arbeitet, sondern faul auf der Bärenhaut liegt, also Faulenzerei.

Je mehr eine herrschende Klasse fähig ist, die bedeutendsten Männer der beherrschten Klasse in sich aufzunehmen, desto solider und gefährlicher ist ihre Herrschaft.

(*Das Kapital*)

Das Prinzip der Politik ist der Wille. Je einseitiger, das heißt also je vollendeter der politische Verstand ist, um so mehr glaubt er an die Allmacht des Willens, um so blinder ist er gegen die natürlichen und geistigen Schranken des Willens, um so unfähiger ist er also, die Quelle sozialer Probleme zu entdecken.

(*Kritische Randglosse zu dem Artikel eines Preußen*)

Jeder muss seine religiöse wie leibliche Notdurft verrichten können, ohne dass die Polizei ihre Nase hineinsteckt.

(*Kritik des Gothaer Programms*)

Man hat die Strafe gemeinhin verteidigt als ein Mittel zur Besserung oder zur Einschüchterung. Aber welches Recht hat man, mich zu strafen, um andere zu bessern oder einzuschüchtern? Außerdem gibt es so etwas wie die Statistik, und es gibt die Geschichte, und beide beweisen voll und ganz, dass die Welt seit Kain durch Strafen weder gebessert noch eingeschüchtert worden ist. Ganz im Gegenteil. Vom

Standpunkt des abstrakten Rechts gibt es nur eine Theorie der Bestrafung, die die menschliche Würde abstrakt anerkennt, und das ist die Kantsche Theorie, besonders in der strengeren Fassung von Hegel. Dieser sagt: »Strafe ist das *Recht* des Verbrechers. Sie ist ein Akt seines eigenen Willens. Die Verletzung des Rechts proklamiert der Verbrecher als sein Recht. Sein Verbrechen ist die Negation des Rechts. Strafe ist die Negation dieser Negation und folglich eine Bestätigung des Rechts, die der Verbrecher selbst herausfordert und sich selbst aufzwingt.«*

Zweifellos hat dieser Grundsatz etwas Bestechendes, da Hegel, statt in dem Verbrecher ein bloßes Objekt, nur den Sklaven der Justiz zu sehen, ihn zum Rang eines freien Wesens erhebt, das über sich selbst bestimmt. Sehen wir jedoch etwas näher zu, so entdecken wir, dass der deutsche Idealismus hier, wie in den meisten anderen Fällen, nur die Gesetze der bestehenden Gesellschaft durch übersinnliche Argumente sanktioniert. Täuscht man sich nicht selbst, wenn man an Stelle des Individuums mit seinen wirklichen Beweggründen, mit den zahlreichen, ihn bedrängenden sozialen Verhältnissen die Abstraktion des »freien Willens« setzt, eine der vielen menschlichen Eigenschaften an Stelle des Menschen selbst?

* Aus Georg Wilhelm Friedrich Hegel, *Grundlinien der Philosophie des Rechts oder Naturrecht und Staatswissenschaft im Grundrisse* (1820).

Diese Theorie, die die Strafe als das Ergebnis des eigenen Willens des Verbrechers ansieht, ist nur ein metaphysischer Ausdruck jenes alten »jus talionis«*: Aug' um Auge, Zahn um Zahn, Blut um Blut. Wenn wir die Dinge offen aussprechen und auf alle Umschreibungen verzichten, so ist die Strafe nichts anderes als ein Verteidigungsmittel der Gesellschaft gegen die Verletzung ihrer Lebensbedingungen, was auch immer deren Inhalt sein mag. – Was für eine Gesellschaft ist das aber, die kein besseres Instrument ihrer Verteidigung kennt als den Scharfrichter und die durch das »leitende Blatt der Welt« ihre Brutalität als ewiges Gesetz verkünden lässt?

(*Die Todesstrafe*)

Bis ins Detail können die Einwirkungen des Verbrechers auf die Entwicklung der Produktivkraft nachgewiesen werden. Wären Schlösser je zu ihrer jetzigen Vollkommenheit gediehn, wenn es keine Diebe gäbe?

[...]

Und verlässt man die Sphäre des Privatverbrechens: Ohne nationale Verbrechen, wäre je der Weltmarkt entstanden? Ja, auch nur Nationen? Und ist der Baum der Sünde nicht zugleich der Baum der

* Vergeltungsrechtes.

Erkenntnis seit Adams Zeiten her? Mandeville in seiner »Fable of the Bees« (1705) hatte schon die Produktivität aller möglichen Berufsweisen usw. bewiesen und überhaupt die Tendenz dieses ganzen Arguments:

»Das, was wir in dieser Welt das Böse nennen, das moralische so gut wie das natürliche, ist das große Prinzip, das uns zu sozialen Geschöpfen macht, die feste Basis, *das Leben und die Stütze aller Gewerbe und Beschäftigungen* ohne Ausnahme; hier haben wir den wahren Ursprung aller Künste und Wissenschaften zu suchen; und in dem Moment, da das Böse aufhörte, müsste die Gesellschaft verderben, wenn nicht gar gänzlich untergehen.«

Nur war Mandeville* natürlich unendlich kühner und ehrlicher als die philisterhaften Apologeten der bürgerlichen Gesellschaft.

(*Theorie über den Mehrwert*)

Er [d.h. der wahre Sozialismus] diente den deutschen absoluten Regierungen mit ihrem Gefolge von Pfaffen, Schulmeistern, Krautjunkern und Bürokraten als erwünschte Vogelscheuche gegen die drohend aufstrebende Bourgeoisie.

Er bildete die süßliche Ergänzung zu den bitteren

* Bernard de Mandeville (1670–1733), in England lebender niederl. Arzt und Sozialtheoretiker.

Peitschenhieben und Flintenkugeln, womit dieselben Regierungen die deutschen Arbeiteraufstände bearbeiteten.

(Marx/Engels, *Manifest der Kommunistischen Partei*)

Alle Klassen und Parteien hatten sich [...] zur *Partei der Ordnung* vereint gegenüber der proletarischen Klasse, als der *Partei der Anarchie*, des Sozialismus, des Kommunismus. Sie hatten die Gesellschaft »gerettet« gegen *»die Feinde der Gesellschaft«*. Sie hatten die Stichworte der alten Gesellschaft, *»Eigentum, Familie, Religion, Ordnung«*, als Parole unter ihr Heer ausgeteilt und der kontrerevolutionären Kreuzfahrt zugerufen: »Unter diesem Zeichen wirst du siegen!«

(*Der 18. Brumaire des Louis Bonaparte*)

Das revolutionäre Programm soll nicht aufgegeben, sondern nur aufgeschoben werden – bis auf unbestimmte Zeit. Man nimmt es an, aber eigentlich nicht für sich selbst und für seine Lebzeiten, sondern nach seinem Tod, als Erbstück für Kinder und Enkeln. Inzwischen wendet man seine »ganze Kraft und Energie« auf allerhand Kleinkram und Herumflickerei an der kapitalistischen Gesellschaftsordnung, damit es doch aussieht, als geschehe etwas und gleichzeitig die Bourgeoisie nicht erschreckt werde.

(*Zirkularbrief an die SPD-Führung*)

Der Sturz der kapitalistischen Ordnung [liegt] in unerreichbarer Ferne, hat also absolut keine Bedeutung für die politische Praxis der Gegenwart; man kann vermitteln, kompromisseln, menschenrechteln nach Herzenslust.

Ebenso geht's mit dem Klassenkampf zwischen Proletariat und Bourgeoisie. Auf dem Papier erkennt man ihn an, weil man ihn doch nicht mehr wegleugnen kann, in der Praxis aber wird er vertuscht, verwaschen, abgeschwächt. Die sozialdemokratische Partei soll keine Arbeiterpartei sein, sie soll nicht den Hass der Bourgeoisie oder überhaupt irgend jemandes auf sich laden […]

Statt auf weitgehende, die Bourgeois abschreckende und doch in unserer Generation unerreichbare Ziele Gewicht zu legen, soll sie lieber ihre ganze Kraft und Energie auf diejenigen kleinbürgerlichen Flickreformen verwenden, die der alten Gesellschaftsordnung neue Stützen verleihen und dadurch die endliche Katastrophe vielleicht in einen allmählichen, stückweisen und möglichst friedfertigen Auflösungsprozess verwandeln könnten.

Wir haben bei der Gründung der Internationalen ausdrücklich den Schlachtruf formuliert: Die Befreiung der Arbeiterklasse muss das Werk der Arbeiterklasse selbst sein. Wir können also nicht in einer Partei zusammengehen mit Leuten, die es offen aussprechen, dass die Arbeiter zu ungebildet sind, sich selbst zu befreien, und erst von oben herab befreit werden müssen [...]

(*Zirkularbrief an die SPD-Führung*)

Ihr entsetzt euch darüber, dass wir das Privateigentum aufheben wollen. Aber in eurer bestehenden Gesellschaft ist das Privateigentum für neun Zehntel ihrer Mitglieder aufgehoben, es existiert gerade dadurch, dass es für neun Zehntel nicht existiert. Ihr werft uns also vor, dass wir ein Eigentum aufheben wollen, welches die Eigentumslosigkeit der ungeheuren Mehrzahl der Gesellschaft als notwendige Bedingung voraussetzt.

Ihr werft uns mit einem Worte vor, dass wir euer Eigentum aufheben wollen. Allerdings, das wollen wir.

(Marx/Engels, *Manifest der Kommunistischen Partei*)

Behaupten die Bourgeois nicht, dass die heutige Verteilung des Eigentums ›gerecht‹ ist? Und ist sie in der Tat nicht die einzige ›gerechte‹ Verteilung auf Grundlage der heutigen Produktionsweise?

(*Kritik des Gothaer Programms*)

Welche Umwandlung wird das Staatswesen in einer kommunistischen Gesellschaft erleiden? In anderen Worten, welche gesellschaftliche Funktionen bleiben dort übrig, die jetzigen Staatsfunktionen analog sind? Diese Frage ist nur wissenschaftlich zu beantworten, und man kommt dem Problem durch tausendfache Zusammensetzung des Worts Volk mit dem Wort Staat auch nicht um einen Flohsprung näher.

(*Kritik des Gothaer Programms*)

Jeder Schritt wirklicher Bewegung ist wichtiger als ein Dutzend Programme.

(*An Wilhelm Bracke, 5. Mai 1875*)

Kein Mensch bekämpft die Freiheit; er bekämpft höchstens die Freiheit der anderen.

(*Debatten über Pressefreiheit und Publikation der Landständischen Verhandlungen*)

So gut, wie jeder schreiben und lesen lernt, muss jeder schreiben und lesen dürfen.

(*Debatten über Pressefreiheit und Publikation der Landständischen Verhandlungen*)

Die Freiheit besteht darin, den Staat aus einem der Gesellschaft übergeordneten in ein ihr durchaus untergeordnetes Organ zu verwandeln, [...].

(*Kritik des Gothaer Programms*)

London, 5. März 1856

Dear Frederic*,

[...] Sein** Plan sei gewesen, nach Berlin zu gehn, dort den großen Herrn zu spielen und Salon zu eröffnen. Er habe, bei seiner Rückkehr von dort, der Gräfin in Gegenwart Levys*** versprochen, »ihr einen Hof von Literaten« zu schaffen. Er habe, ebenfalls in Gegenwart Levys, beständig seine »Diktatorgelüste« (er scheint sich ganz anders zu nehmen, wie wir ihn nehmen; er hält sich für weltbezwingend, weil er rücksichtslos in einer Privatintrige†, als ob ein wirklich bedeutender Mensch 10 Jahre einer solchen Bagatelle opfern würde) geäußert etc. etc. [...]

Dein K. M.

* Friedrich Engels.

** Ferdinand Lassalle (1825–1864), Schriftsteller und sozialistischer Politiker, gilt als einer der Gründerväter der 26 Jahre nach seinem Tod aus dem Allgemeinen Deutschen Arbeiterverein (ADAV) und der Sozialdemokratischen Arbeiterpartei (SDAP) hervorgegangenen SPD.

*** Wilhelm Ernst Dohm (geb. Elias Levy; 1819–1883) deutscher Redakteur, Schriftsteller und Übersetzer.

† Lassalle lernte die doppelt so alte Sophie Gräfin von Hatzfeldt in Berlin kennen. Die Gräfin wollte sich von ihrem Ehemann, mit dem sie 1822 zwangsverheiratet worden war,

London, 8. Mai 1857

Dear Frederick,

Die £ 5 erhalten.

Einliegend Brief von Lassalle, den Du mir, nach Mitteilung desselben an Lupus*, Anfang nächster Woche zurücksenden willst. Wie soll ich es mit dem Kerl halten? Antworten oder nicht? Die komische Eitelkeit des Burschen, der mit Gewalt berühmt werden will und ohne allen Anlass 75 Bogen über griechische Philosophie schreibt, wird Dich amüsieren.

[...] Dein K. M.

London, 22. Dezember 1857

Dear Frederick,

Du hast mich siegreich den Klauen des Fiskus entrissen, und gelobet sei Dein Name – Hallelujah!

Einliegend ein Brief (nebst einer Einlage) des gro-

scheiden lassen. Lassalle nahm sich des Falles an und absolvierte umfangreiche Studien im Fachgebiet Rechtswissenschaften. Über neun Jahre hinweg (von 1846 bis 1854) vertrat er die Gräfin vor insgesamt 36 Gerichten. Er gewann den Prozess und eben in diesem Zusammenhang auch erhebliches Vermögen: Sophie von Hatzfeldt setzte Lassalle aus Dankbarkeit eine Rente aus.

* Wilhelm Wolff (1809–1864), deutscher Publizist und enger Weggefährte von Marx und Engels. Marx widmete seinem »unvergesslichen Freunde, dem kühnen, treuen, edlen Vorkämpfer des Proletariats«, Wilhelm Wolff, den ersten Band seines Hauptwerkes *Das Kapital.*

ßen Lassalle, der mir nun positiv anzeigt, dass er in der Tat ernsthaft begonnen hat, durch seinen Ruhm in Berlin bekannt zu werden. Diese Ergüsse einer schönen Seele werden Dich und lupum* ergötzen. Der brave Lassalle hat die Philosophie, den Heraklit, getrieben wie den Hatzfeldtschen Prozess** und schließlich seinen »Prozess« gewonnen, wenn ihm zu glauben. Es scheint in der Tat, dass die Alten – Philologen und Hegelianer – überrascht waren, eine solche *postume* Blüte einer vergangnen Epoche wieder zu erleben. Doch wir werden das Ding selbst sehn und, obgleich ein geschenkter Gaul, ihm doch tief ins Maul gucken – unter der ausdrücklichen Bedingung natürlich, dass der Heraklit nicht nach Knoblauch duftet. Stelle Dir nur diesen Burschen vor, wie er die Straßen Berlins auf und ab läuft und gespreizt wie ein Pfau »seinen Platz fordert«: wie er sich die Lippen beißt, mit »einem politischen Blick«, als wollte er sagen: »Das ist der Mann, der den Heraklit geschrieben hat.« Vielleicht kann uns der Bursche nützlich sein zum Auftreiben von Buchhändlern, wenn er nicht etwa fürchtet, der Ruhm, den er auch auf dem ökonomischen Feld sucht, möchte durch die Konkurrenz leiden und so der »Prozess« verlorengehn. […]

Dein K. M.

* Wilhelm Wolff.

** den von Lasalle gewonnenen Scheidungsprozess der Gräfin von Hatzfeld.

London, 28. Januar 1858

Dear Frederick,

[...]

Heute kam das Buch* von Lassalle an, kostete 2 sh., nicht Preis des Buchs, sondern die Transportkosten. Dieser Umstand sicherte ihm schlechten Empfang. 2 Bände von 30 Bogen jeder. Bloß hereingelugt. Der Kerl lügt dem Publikum in der Vorrede vor, dass er seit 1846 damit schwanger gegangen. Scheint ganz althegelsch. Bei Auslegung und Vergleichung von Stellen mag ihm die juristische Gewohnheit der Hermeneutik behülflich gewesen sein. Wir werden sehen, obgleich das Zeug zu dick ist, um es durchzulesen.

[...] Dein K. M.

London, 1. Februar 1858

Lieber Frederick,

[...]

Der »Herakleitos der Dunkle« von Lassalle dem Hellen ist im Grunde ein sehr läppisches Machwerk. Bei jedem der vielen Bilder, worin Herakleitos sich die Einheit von Affirmation und Negation herausarbeitet, kommt herein Lassalle und gibt uns bei der Gelegenheit irgendeinen Abschnitt aus der Hegelschen »Logik« zum besten, die kaum gewinnt durch

* *Die Philosophie Herakleitos des Dunklen von Ephesos* (1858).

diesen Prozess, immer in ganzer Breite – wie ein Schulbub, der an einem Pensum den Beweis liefern soll, dass er sein »Wesen« und seine »Erscheinung« und den »Dialektischen Prozess« loshat. Wenn der Schulbub sich derartiges anspekuliert hat, so kann man sicher sein, dass er dennoch den Gedankenprozess exakt nur nach dem vorgeschriebnen Rezept und in den geheiligten Formen vornehmen kann. Exakt so unser Lassalle. Der Kerl scheint sich die Hegelsche Logik an Heraklit klarzumachen gesucht haben und gar nicht müde geworden zu sein, diesen Prozess stets von neuem zu beginnen. Was die Gelehrsamkeit betrifft, so ist eine enorme Exhibition davon. Jeder Kenner weiß aber, wie wohlfeil es ist, wenn man Zeit und Geld hat und wie Herr Lassalle direkt die Bonner Universitätsbibliothek ad libitum ins Haus geschickt bekommt, derartige Zitatenschaustellung zusammenzubringen. Man sieht, wie sonderbar grauß der Kerl sich selbst in diesem philologischen Flitterstaat erscheint und sich bewegt ganz mit der Grazie eines Kerl, der zum erstenmal in seinem Leben elegante Kleidung trägt. […]

Außerdem schmeichelt und kratzfußt er nach allen Seiten hin, um sich günstige Aufnahme zu sichern. Sobald ich das Zeug durchgeblättert, schick ich es auch.

Salut. Dein K. M.

London, 10. Juni 1859

Lieber Frederick,
heute zwei Manuskripte erhalten. *Ein famoses*, Deins über »Fortification«, wobei ich aber in der Tat Gewissensbisse fühle, dass ich Deine wenige Sparzeit so in Anspruch nahm. *Ein groteskes*, nämlich eine Replik von Lassalle an mich und Dich über seinen »Sickingen«*. Ein ganzer Wald von enggeschriebenen Seiten. Unbegreiflich, wie ein Mensch in dieser Jahreszeit und unter diesen welthistorischen Zuständen nicht nur selbst Zeit findet, solcherlei von sich zu geben, sondern uns sogar die Zeit zumutet, es zu lesen.

[...] Dein K. M.

London, 9. Februar 1860

Lieber Engels,

[...]

Am elendesten benimmt sich der Philisterwanst Freiligrath**. Ich hatte ihm das Zirkular geschickt. Er zeigt nicht einmal den Empfang an. Glaubt das Vieh, dass, wenn ich will, ich ihn nicht bis über die Augenbrauen in den Schwefelpfuhl eintauchen kann? Vergisst er, dass ich über 100 Briefe von ihm besitze? Meint er, dass ich ihn nicht sehe, weil er mir den Hintern zeigt? [...] Dein K. M.

* das Drama *Franz von Sickingen* (1859).

** Ferdinand Freiligrath.

London, 14. Februar 1861

Lieber Frederick,

[…]

Dem Lassalle habe ich noch nicht geschrieben. Die Geschichte mit einer Wochenschrift wäre wohl die beste, aber doch anderseits, wieviel riskiert man bei der Taktlosigkeit unsres Freundes, wenn er an Ort und Stelle sitzt, die Hauptredaktion führt, und so in der Lage ist, uns alle hineinzureiten! Er natürlich würde die Sache gleich als Parteiorgan betonen, und so würde man für alle Dummheiten mitverantwortlich und sich die Position in Deutschland verderben, bevor man sie wiedergewonnen hat. Dies ist sehr ernstlich zu überlegen.

[…] Dein K. M.

London, 7. Mai 1861

Lieber Frederick,

[…] Endlich habe ich via Lasssalle vorbereitet, dass der zweite Teil meiner politischen Ökonomie bei Brockhaus* statt bei Duncker herauskömmt. Von Duncker** bemerkte mir Camilla Essig (alias Ludmil-

* Verlag »F. A. Brockhaus«.

** Alexander Friedrich Wilhelm Duncker (1813–1897), Verleger und Buchhändler.

la Assing*) mit Recht, dass, wenn man ein Buch geheimhalten will, man es dem Duncker zum Verlag geben muss. [...]

Dies natürlich sentimentale Redensarten, Lassalle, geblendet durch das Ansehn, das er in gewissen Gelehrtenkreisen durch seinen »Heraklit« und in einem andren Kreis von Schmarotzern durch guten Wein und Küche hat, weiß natürlich nicht, dass er im großen Publikum verrufen ist. Außerdem seine Rechthaberei; sein Stecken im »spekulativen Begriff« (der Bursche träumt sogar von einer neuen hegelschen Philosophie auf der 2ten Potenz, die er schreiben will), seine Infektion mit altem französischem Liberalismus, seine breitspurige Feder, Zudringlichkeit, Taktlosigkeit usw. Lassalle könnte als einer der Redakteure, unter strenger Disziplin, Dienste leisten. Sonst nur blamieren. [...] Dein K. M.

London, 30. Juli 1862

Lieber Engels,

[...]

Wäre ich nicht in dieser scheußlichen Position und ärgerte mich nicht das Klopfen des Parvenu auf den Geldsack, so hätte er [Lassalle] mich königlich amüsiert. Seit dem Jahr, wo ich ihn sah, ist er ganz

* Rosa Ludmilla Assing (1821–1880), deutsche Schriftstellerin.

verrückt geworden. Der Aufenthalt in Zürich (mit Rüstow*, Herwegh** etc.) und die spätere Reise in Italien, dann sein »Herr Julian Schmidt« etc. haben ihm den Kopf vollends verdreht. Er ist nun ausgemacht nicht nur der größte Gelehrte, tiefste Denker, genialste Forscher usw., sondern außerdem Don Juan und revolutionärer Kardinal Richelieu***. Dabei das fortwährende Geschwätz mit der falschüberschnappenden Stimme, die unästhetisch demonstrativen Bewegungen, der belehrende Ton!

[...]

Lassalle war sehr wütend über mich und Frau, dass wir uns über seine Pläne lustig machten, ihn als »aufgeklärten Bonapartisten« hänselten usw. Er schrie, tobte, sprang und hat sich endlich gründlich überzeugt, dass ich zu »abstrakt« bin, um Politik zu verstehn.

[...]

Wie gesagt, unter andern Umständen (und wenn er mich nicht im Arbeiten gestört) hätte der Kerl mich königlich amüsiert.

Dabei das wüste Fressen und die geile Brunst dieses »Idealisten«. Dein K. M.

* Wilhelm Rüstow (1821–1878), war persönlicher Sekundant von Lassalle und wurde so Zeuge, wie dieser am 28. August 1864 bei einem Duell in einem Wäldchen bei Genf tödlich getroffen wurde.

** Georg Herwegh.

*** Armand-Jean I. du Plessis de Richelieu (1585–1642).

London, 10. Februar 1866

Lieber Fritz,

[…]

Dem Wilhelm werde ich einige Donnerzeilen über seine Schwachleibigkeit schreiben. Was wir wollen, ist ja grade der Untergang des »Soc[ial]-Demok[rat]« und der ganzen Lassallescheiße.

[…]

Salut. Dein Mohr

London, 14. März 1869

Dear Fred,

[…]

Liebknecht* hat das Talent, *die dümmsten Leute* von Deutschland um sich zu gruppieren. […] Dieses Vieh ersucht die Arbeiter, ihm den Bismarck vom Hals zu schaffen, und dann verspricht er ihnen *»volle Freizügigkeit«* und *andre* sozialistischen Forderungen zu befriedigen! Horreur!**

[…] Dein K. M.

* Wilhelm Liebknecht (1826–1900), einer der Gründerväter der Sozialdemokratischen Partei Deutschlands (SPD), Vater von Karl Liebknecht.

** Schauderhaft!

London, 3. Juli 1869

Dear Fred,

[...]

Einliegend inhaltsschwerer Brief des Wilhelm*. Du wirst daraus ersehn dass er sich plötzlich zu meinem *Kurator* ernannt hat und mir alles und jegliches vorschreibt, was ich tun »muss«.

Ich *muss* zu ihrem August-Kongress kommen, *muss* mich den deutschen Arbeitern zeigen; *muss* die internationalen Karten *umgehend* schicken (nachdem sie auf zweimalige Anfrage darüber 3 Monate durch nicht geantwortet), *muss* das »Kommunistische Manifest« umficken! *muss* nach Leipzig kommen!

Ist es nicht höchst naiv, dass er in demselben Brief, worin er die 2 £ (die ich für ihn dem Eccarius übermacht) *nicht* zurückschicken zu können klagt, *mir Reisegeld* für Deutschland anbietet! Toujours le même!**

[...] El Moro

London, 10. Februar 1870

Dear Fred,

[...]

Die ganze Bakuninbande ist aus der »*Egalité*« herausgetreten. Bakunin*** selbst hat seine Residenz in

* Wilhelm Liebknecht.

** Immer derselbe!

*** Michael Alexandrowitsch Bakunin (1814–1876), russischer-

Tessin aufgeschlagen und wird seine Intrigen in Schweiz, Spanien, Italien und Frankreich fortsetzen. Zwischen uns ist jetzt selbst der Waffenstillstand zu Ende, […]. Dies Vieh bildet sich in der Tat ein, wir seien *»zu bürgerlich«* und daher unfähig, seine erhabnen Konzeptionen über das »Erbrecht«, die »Gleichheit« und die Verdrängung des bisherigen Staatensystems durch *»l'Internationale«* zu begreifen und zu würdigen. […] K. M.

Die Anarchie, das ist das große Paradepferd ihres Meisters Bakunin, der von allen sozialistischen Systemen nur die Aufschriften genommen hat.

(Marx/Engels, *Die angeblichen Spaltungen in der Internationale. Vertrauliches Zirkular des Generalrats der Internationalen Arbeiterassoziation, 1872*)

London, 16. Mai 1870

Lieber Fred,

[…]

Ich habe gleich dem Biederrindvieh W[ilhelm]* geschrieben und ihm gehörig den Kopf gewaschen.

Revolutionär und Anarchist. Er gilt als einer der einflussreichsten Denker und Aktivisten der anarchistischen Bewegung.

* Wilhelm Liebknecht.

[…] Die Behauptung des Burschen, dass er »seit 22 Jahren ein ruheloses, jede Muße ausschließendes Leben« geführt, ist köstlich. Wir wissen, dass er ungefähr 15 Jahre von den 22 mit Nichtstun zugebracht hat.

[…] Dein K. M.

Longuet* als letzter Proudhonist und Lafargue** als letzter Bakuninist! Que le diable les emporte!***

(*An Friedrich Engels, 11. November 1882*)

* Charles Longuet (1839–1903), französischer Journalist und Proudhonist; Marx' Schwiegersohn, heiratete 1872 Jenny Caroline Marx, die älteste Tochter von Jenny und Karl Marx.

** Paul Lafargue, ebenfalls Marx' Schwiegersohn, heiratete 1868 Jenny Laura Marx.

*** Der Teufel soll sie holen!

V

»Klopffechterei« und »Plusmacherei«
Über das ökonomische Getriebe

Produktion von Mehrwert oder Plusmacherei ist das absolute Gesetz dieser Produktionsweise [der kapitalistischen].

(*Das Kapital*)

Das Kapital ist verstorbne Arbeit, die sich nur vampyrmäßig belebt durch Einsaugung lebendiger Arbeit, und um so mehr lebt, je mehr sie davon einsaugt.

(*Das Kapital*)

Dass die Kapitalisten, die so sehr gegen das »Recht auf Arbeit« schrieen, nun überall von den Regierungen »öffentliche Unterstützung« verlangen [...], also das »Recht auf Profit« auf Staatskosten geltend machen, ist schön.

(*An Friedrich Engels, 8. Dezember 1857*)

Das Recht auf Arbeit ist im bürgerlichen Sinn ein Widersinn, ein elender, frommer Wunsch.

(*Klassenkämpfe in Frankreich*)

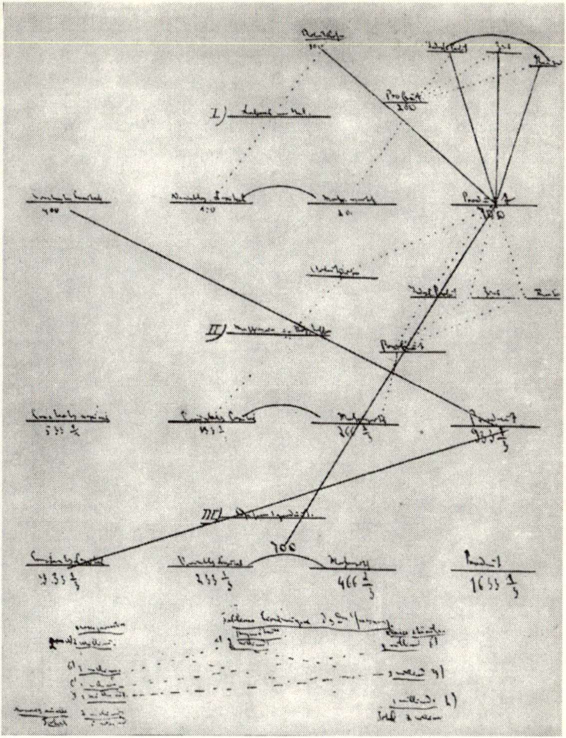

Schema des Reproduktionsprozesses des *Kapitals*, das Marx seinem Brief an Engels vom 6. Juli 1863 beifügte.

Gleiche Ausbeutung der Arbeitskraft ist das erste Menschenrecht des Kapitals.

(*Das Kapital*)

Wenn das Geld, nach [Marie] Augier »mit natürlichen Blutflecken auf der Backe zur Welt kommt«*, so das Kapital von Kopf bis Zeh, aus allen Poren, blut- und schmutztriefend.

(*Das Kapital*)

Manch Kapital, das heute in den Vereinigten Staaten ohne Geburtsschein auftritt, ist erst gestern in England kapitalisiertes Kinderblut.

(*Das Kapital*)

Das Interesse des Kapitalisten und des Arbeiters ist also *dasselbe*, behaupten die Kapitalisten und ihre Ökonomen. Und in der Tat! Der Arbeiter geht zugrunde, wenn ihn das Kapital nicht beschäftigt. Das Kapital geht zugrunde, wenn es die Arbeitskraft nicht ausbeutet, und um sie auszubeuten, muss es sie kaufen.

(*Lohnarbeit und Kapital*)

* Marie Augier, *Du credit public et de son histoire depuis les temps anciens jusqu'à nos jours*, Paris 1842.

Zur Verwandlung von Geld in Kapital muss der Geldbesitzer also den freien Arbeiter auf dem Warenmarkt vorfinden, frei in dem Doppelsinn, dass er als freie Person über seine Arbeitskraft als seine Ware verfügt, dass er andrerseits andre Waren nicht zu verkaufen hat, los und ledig, frei ist von allen zur Verwirklichung seiner Arbeitskraft nötigen Sachen.

(*Das Kapital*)

Ist die Ausbeutung des Arbeiters durch den Fabrikanten so weit beendigt, dass er seinen Arbeitslohn bar ausgezahlt erhält, so fallen die anderen Teile der Bourgeoisie über ihn her, der Hausbesitzer, der Krämer, der Pfandleiher usw.

(Marx/Engels, *Manifest der Kommunistischen Partei*)

Der Arbeiter sucht die Masse seines Arbeitslohns zu behaupten, indem er mehr arbeitet, sei es, dass er mehr Stunden arbeitet, sei es, dass er mehr in derselben Stunde liefert, […] Das Resultat ist: *Je mehr er arbeitet, um so weniger Lohn erhält er.*

(*Lohnarbeit und Kapital*)

Die Arbeiter sollen sparen […], so dass sie im Alter, oder wenn Krankheiten. Krisen etc. dazwischen kommen, nicht den Armenhäusern, dem Staat, dem Bettel (in einem Wort der Arbeiterklasse selbst und namentlich nicht den Kapitalisten) zur Last fallen und auf deren Tasche vegetieren, also sparen für die Kapitalisten; ihre Produktionskosten für dieselben vermindern.

(*Grundriss der Kritik der politischen Ökonomie*)

In demselben Maße, in dem die Widerwärtigkeit der Arbeit wächst, nimmt daher der Lohn ab.

(Marx/Engels, *Manifest der Kommunistischen Partei*)

Sklaverei, auf Basis der kapitalistischen Produktionsweise, ist ungerecht.

(*Das Kapital*)

Solange der Lohnarbeiter Lohnarbeiter ist, hängt sein Los vom Kapital ab. Das ist die vielgerühmte Gemeinsamkeit des Interesses von Arbeiter und Kapitalist.

(*Lohnarbeit und Kapital*)

Beim Scheiden von dieser Sphäre der einfachen Zirkulation oder des Warenaustauschs, woraus der Freihändler vulgaris Anschauungen, Begriffe und Maßstab für sein Urteil über die Gesellschaft des Kapitals und der Lohnarbeit entlehnt, verwandelt sich, so scheint es, schon in etwas die Physiognomie unsrer dramatis personae*. Der ehemalige Geldbesitzer schreitet voran als Kapitalist, der Arbeitskraftbesitzer folgt ihm nach als sein Arbeiter; der eine bedeutungsvoll schmunzelnd und geschäftseifrig, der andre scheu, widerstrebsam, wie jemand, der seine eigne Haut zu Markt getragen und nun nichts andres zu erwarten hat als die – Gerberei.

(*Das Kapital*)

Die Bourgeoisie hat durch die Ausbeutung des Weltmarkts die Produktion und Konsumtion aller Länder globalisiert. Sie hat zum großen Bedauern der Reaktionäre den nationalen Boden der Industrie unter den Füßen weggezogen.

(Marx/Engels, *Manifest der Kommunistischen Partei*)

Die Bourgeoise reißt durch die rasche Verbesserung aller Produktionsinstrumente, durch die unendlich erleichterten Kommunikationen alle, auch die barbarischsten Nationen in die Zivilisation. Die billigen

* Rollen bzw. Figuren im Drama.

Preise ihrer Waren sind die schwere Artillerie, mit der sie alle chinesischen Mauern in den Grund schießt, mit der sie den hartnäckigsten Fremdenhass der Barbaren zur Kapitulation zwingt.

(Marx/Engels, *Manifest der Kommunistischen Partei*)

Eine Spinne verrichtet Operationen, die denen des Webers ähneln, und eine Biene beschämt durch den Bau ihrer Wachszellen manchen menschlichen Baumeister. Was aber von vornherein den schlechtesten Baumeister vor der besten Biene auszeichnet, ist, dass er die Zelle in seinem Kopf gebaut hat, bevor er sie in Wachs baut. Am Ende des Arbeitsprozesses kommt ein Resultat heraus, das beim Beginn desselben schon in der Vorstellung des Arbeiters, also schon ideell vorhanden war. Nicht dass er nur eine Formveränderung des Natürlichen bewirkt; er verwirklicht im Natürlichen zugleich seinen Zweck, den er weiß, der die Art und Weise seines Tuns als Gesetz bestimmt und dem er seinen Willen unterordnen muss.

(*Das Kapital*)

Mit entsprechendem Profit wird Kapital kühn. Zehn Prozent sicher, und man kann es überall anwenden; 20 Prozent, es wird lebhaft; 50 Prozent, positiv waghalsig; für 100 Prozent stampft es alle menschliche

Gesetze unter seinen Fuß; 300 Prozent, und es existiert kein Verbrechen, das es nicht riskiert, selbst auf Gefahr des Galgens.

(*Das Kapital*)

Was könnte die kapitalistische Produktionsweise besser charakterisieren als die Notwendigkeit, ihr durch Zwangsgesetz von Staats wegen die einfachsten Reinlichkeits- und Gesundheitsvorrichtungen aufzuherrschen?

(*Das Kapital*)

Das Kapital, das so »gute Gründe«, die Leiden der es umgebenden Arbeitergeneration zu leugnen, wird in seiner praktischen Bewegung durch die Aussicht auf zukünftige Verfaulung der Menschheit und schließlich doch unaufhaltsame Entvölkerung so wenig und so viel bestimmt als durch den möglichen Fall der Erde in die Sonne.

In jeder Aktienschwindelei weiß jeder, dass das Unwetter einmal einschlagen muss, aber jeder hofft, dass es das Haupt seines Nächsten trifft, nachdem er selbst den Goldregen aufgefangen und in Sicherheit gebracht hat.

Apres moi le déluge!* ist der Wahlruf jedes Kapitalisten und jeder Kapitalistennation. Das Kapital ist

* Nach mir die Sintflut!

daher rücksichtslos gegen Gesundheit und Lebensdauer des Arbeiters, wo es nicht durch die Gesellschaft zur Rücksicht gezwungen wird.

Der Klage über physische und geistige Verkümmerung, vorzeitigen Tod, Tortur der Überarbeit, antwortet es: Sollte diese Qual uns quälen, da sie unsre Lust (den Profit) vermehrt?

Im großen und ganzen hängt dies aber auch nicht vom guten oder bösen Willen des einzelnen Kapitalisten ab. Die freie Konkurrenz macht die immanenten Gesetze der kapitalistischen Produktion dem einzelnen Kapitalisten gegenüber als äußerliches Zwangsgesetz geltend.

(*Das Kapital*)

Die Behauptung, dass die freie Konkurrenz = letzte Form der Entwicklung der Produktivkräfte und daher der menschlichen Freiheit, heißt nichts, als dass die Kapitalisten-Herrschaft das Ende der Weltgeschichte ist – allerdings ein angenehmer Gedanke für die Emporkömmlinge von vorgestern.

(*Grundrisse der Kritik der politischen Ökonomie*)

Freier Handel! im Interesse der arbeitenden Klasse; Schutzzölle! im Interesse der arbeitenden Klasse; Zellengefängnisse! im Interesse der arbeitenden Klasse: das ist das letzte, das einzige ernstgemeinte Wort des Bourgeoisiesozialismus.

Der Sozialismus der Bourgeoisie besteht eben in der Behauptung, dass die Bourgeois Bourgeois sind – im Interesse der arbeitenden Klasse.

(Marx/Engels, *Manifest der Kommunistischen Partei*)

Auf dem Gebiete der politischen Ökonomie begegnet die freie wissenschaftliche Forschung nicht nur demselben Feinde wie auf allen anderen Gebieten. Die eigentümliche Natur des Stoffes, den sie behandelt, ruft wider sie die heftigsten, kleinlichsten und gehässigsten Leidenschaften der menschlichen Brust, die Furien des Privatinteresses, auf den Kampfplatz. Die englische Hochkirche z. B. verzeiht eher den Angriff auf 38 von ihren 39 Glaubensartikeln als auf 1/39 ihres Geldeinkommens.

(*Das Kapital*)

Wo ein vermögenloser Mann als Industrieller oder Kaufmann Kredit erhält, geschieht es in dem Vertrauen, dass er als Kapitalist fungieren, unbezahlte Arbeit aneignen wird mit dem geliehenen Kapital. Es wird ihm Kredit gegeben als potentiellem Kapitalisten.

Und dieser Umstand […], dass ein Mann ohne Vermögen, aber mit Energie, Solidität, Fähigkeit und

Geschäftskenntnis sich in dieser Weise in einen Kapitalisten verwandeln kann […], befestigt die Herrschaft des Kapitals selbst, erweitert ihre Basis und erlaubt ihr, sich mit stets neuen Kräften aus der gesellschaftlichen Unterlage zu rekrutieren. Ganz wie der Umstand, dass die katholische Kirche im Mittelalter ihre Hierarchie ohne Ansehen von Stand, Geburt, Vermögen aus den besten Köpfen im Volk bildete, ein Hauptbefestigungsmittel der Pfaffenherrschaft und der Unterdrückung der Laien war.

(*Das Kapital*)

Die letzte Illusion des kapitalistischen Systems, als ob Kapital der Sprössling eigener Arbeit und Ersparung wäre, geht damit in die Brüche. Nicht nur besteht der Profit in Aneignung fremder Arbeit, sondern das Kapital, womit diese fremde Arbeit in Bewegung gesetzt und ausgebeutet wird, besteht aus fremdem Eigentum, das der Geldkapitalist dem industriellen Kapitalisten zur Verfügung stellt und wofür er diesen seinerseits ausbeutet.

(*Das Kapital*)

Diese wechselseitige Abhängigkeit ausgedrückt in der beständigen Notwendigkeit des Austauschs und in dem Tauschwert als allseitigem Vermittler. Die

Ökonomen drücken das so aus: Jeder verfolgt sein Privatinteresse und nur sein Privatinteresse; und dient dadurch, ohne es zu wollen und zu wissen, den Privatinteressen aller, den allgemeinen Interessen. Der Witz besteht nicht darin, dass, indem jeder sein Privatinteresse verfolgt, die Gesamtheit der Privatinteressen, also das allgemeine Interesse erreicht wird. Vielmehr könnte aus dieser abstrakten Phrase gefolgert werden, dass jeder wechselseitig die Geltendmachung des Interesses der andern hemmt, und statt einer allgemeinen Affirmation, vielmehr eine allgemeine Negation aus diesem bellum ommium contra omnes* resultiert. Die Pointe liegt vielmehr darin, dass das Privatinteresse selbst schon ein gesellschaftlich bestimmtes Interesse ist und nur innerhalb der von der Gesellschaft gesetzten Bedingungen und mit den von ihr gegebnen Mitteln erreicht werden kann; also an die Reproduktion dieser Bedingungen und Mittel gebunden ist. Es ist das Interesse der Privaten; aber dessen Inhalt, wie Form und Mittel der Verwirklichung, durch von allen unabhängige gesellschaftliche Bedingungen gegeben.

(*Grundrisse der Kritik der politischen Ökonomie*)

Die Vermittlungen der irrationellen Formen, worin bestimmte ökonomische Verhältnisse erscheinen und

* Krieg aller gegen alle.

sich praktisch zusammenfassen, gehn die praktischen Träger dieser Verhältnisse in ihrem Handel und Wandel jedoch nichts an; und da sie gewohnt sind, sich darin zu bewegen, findet ihr Verstand nicht im geringsten Anstoß daran. Ein vollkommner Widerspruch hat durchaus nichts Geheimnisvolles für sie. In den dem innern Zusammenhang entfremdeten und, für sich isoliert genommen, abgeschmackten Erscheinungsformen fühlen sie sich ebenfalls so zu Haus wie ein Fisch im Wasser. Es gilt hier, was Hegel mit Bezug auf gewisse mathematische Formeln sagt, dass, was der gemeine Menschenverstand irrationell findet, das Rationelle, und sein Rationelles die Irrationalität selbst ist.

(*Das Kapital*)

Alle Wissenschaft wäre überflüssig, wenn die Erscheinungsform und das Wesen der Dinge unmittelbar zusammenfielen.

(*Das Kapital*)

Der Name einer Sache ist ihrer Natur ganz äußerlich. Ich weiß nichts vom Menschen, wenn ich weiß, dass ein Mensch Jacobus heißt. Ebenso verschwindet in den Geldnamen Pfund, Taler, Franc, Dukat usw. jede Spur des Wertverhältnisses.

(*Das Kapital*)

Dies ist die Sprache der noch revolutionären Bourgeoisie, die sich die ganze Gesellschaft, Staat etc., noch nicht unterworfen hat. Diese transzendenten Beschäftigungen, altehrwürdig, Souverain, Richter, Offiziere, Pfaffen etc., die Gesamtheit der alten ideologischen Stände, die sie erzeugen, ihre Gelehrten, Magister und Pfaffen werden *ökonomisch* gleichgestellt dem Schwarm ihrer eignen Lakaien und Lustigmacher, wie sie und die richesse oisive*, Grundadel und capitalistes oisifs**, sie unterhalten. Sie sind bloße *servants* des public***, wie die andren ihre servants sind. Sie leben von dem produce of *other* people's *industry*†, müssen also auf das unvermeidliche Maß reduziert werden. Staat, Kirche etc. bloß berechtigt, soweit sie Ausschüsse zur Verwaltung oder Handhabung der gemeinschaftlichen Interessen der produktiven Bourgeois sind; und ihre Kosten, da sie an und für sich zu den faux frais de production†† gehören, müssen auf das unentbehrliche Minimum reduziert werden. Diese Ansicht [hat] historisches Interesse in ihrem scharfen Gegensatz teils zur Ansicht des antiken Altertums, worin die materiell produktive Arbeit das

* der müßige Reichtum.
** müßige Kapitalisten.
*** Diener der Gesellschaft.
† Produkt von anderer Leute Fleiß.
†† Nebenkosten der Produktion.

Brandmal der Sklaverei trägt und bloß als Piedestal* für die citoyen oisif** betrachtet wird, teils zu der Ansicht [der] aus der Auflösung des Mittelalters hervorgehenden absoluten oder aristokratisch-konstitutionellen Monarchie, wie Montesquieu***, selbst noch in ihr befangen, sie so naiv in folgendem Satz ausspricht:

»Wenn die Reichen nicht viel ausgeben, werden die Armen Hungers sterben.«

Sobald die Bourgeoisie dagegen das Terrain erobert hat, teils selbst des Staats sich bemächtigt, teils ein Kompromiss mit seinen alten Inhabern gemacht, ditto die ideologischen Stände als Fleisch von ihrem Fleisch erkannt und sie überall in ihre Funktionäre, sich gemäß, umgewandelt hat; sobald sie selbst nicht mehr als Repräsentant der produktiven Arbeit diesen gegenübersteht, sondern sich ihr gegenüber die eigentlichen produktiven Arbeiter erheben und ihr ebenfalls sagen, dass sie von other people's industry lebt; sobald sie gebildet genug ist, nicht ganz in der Produktion aufzugehn, sondern auch »gebildet« konsumieren zu wollen; sobald mehr und mehr die geistigen Arbeiten selbst in ihrem *Dienst* sich vollziehn,

* Piedestal (oder auch Postament): meist aufwendig gestalteter Sockel von Gebäuden, Statuen oder Säulen.

** müßigen Bürger.

*** Montesquieu, eigentl. Charles-Louis de Secondat (1689–1755), französischer Schriftsteller, Philosoph und Staatstheoretiker der Aufklärung.

in den Dienst der kapitalistischen Produktion treten, wendet sich das Blatt, und sie sucht »ökonomisch« von ihrem eignen Standpunkt aus zu rechtfertigen, was sie früher kritisch bekämpfte. Ihre Wortführer und Gewissensbeschöniger in dieser line sind die Garniers etc. Es kommt hinzu der Eifer dieser Ökonomen, die selbst Pfaffen, Professoren etc. sind, ihre »produktive« Nützlichkeit zu beweisen, ihre Salaire* »ökonomisch« zu rechtfertigen.

(*Theorie über den Mehrwert*)

Die Bourgeoisie hatte in Frankreich und England politische Macht erobert. Von da an gewann der Klassenkampf, praktisch und theoretisch, mehr und mehr ausgesprochne und drohende Formen. Er läutete die Totenglocke der wissenschaftlichen bürgerlichen Ökonomie. Es handelte sich jetzt nicht mehr darum, ob dies oder jenes Theorem wahr sei, sondern ob es dem Kapital nützlich oder schädlich, bequem oder unbequem, ob polizeiwidrig oder nicht. An die Stelle uneigennütziger Forschung trat bezahlte Klopffechterei, an die Stelle unbefangener wissenschaftlicher Untersuchung das böse Gewissen und die schlechte Absicht der Apologetik.

(*Das Kapital*)

* Einkommen, Bezahlung.

Um es ein für allemal zu bemerken, verstehe ich unter klassischer politischer Ökonomie alle Ökonomie seit W. Petty*, die den innern Zusammenhang der bürgerlichen Produktionsverhältnisse erforscht im Gegensatz zur Vulgärökonomie, die sich nur innerhalb des scheinbaren Zusammenhangs herumtreibt, für eine plausible Verständlichmachung der sozusagen gröbsten Phänomene und den bürgerlichen Hausbedarf das von der wissenschaftlichen Ökonomie längst gelieferte Material stets von neuem wiederkaut, im übrigen aber sich darauf beschränkt, die banalen und selbstgefälligen Vorstellungen der bürgerlichen Produktionsagenten von ihrer eignen besten Welt zu systematisieren, pedantisieren und als ewige Wahrheiten zu proklamieren.

(*Das Kapital*)

Man begreift daher die entscheidende Wichtigkeit der Verwandlung von Wert und Preis der Arbeitskraft in die Form des Arbeitslohns oder in Wert und Preis der Arbeit selbst. Auf dieser Erscheinungsform, die das wirkliche Verhältnis unsichtbar macht und grade sein Gegenteil zeigt, beruhn alle Rechtsvorstellungen des Arbeiters wie des Kapitalisten, alle Mysti-

* William Petty (1623–1687), Ökonom und Philosoph; er gilt als der Vater der englischen Nationalökonomie.

fikationen der kapitalistischen Produktionsweise, alle ihre Freiheitsillusionen, alle apologetischen Flausen der Vulgärökonomie.

(*Das Kapital*)

Die Sphäre der Zirkulation oder des Warenaustausches, innerhalb deren Schranken Kauf und Verkauf der Arbeitskraft sich bewegt, war in der Tat ein wahres Eden der angebornen Menschenrechte. Was allein hier herrscht, ist Freiheit, Gleichheit, Eigentum und Bentham.* Freiheit! Denn Käufer und Verkäufer einer Ware, z. B. der Arbeitskraft, sind nur durch ihren freien Willen bestimmt. Sie kontrahieren als freie, rechtlich ebenbürtige Personen. Der Kontrakt ist das Endresultat, worin sich ihre Willen einen gemeinsamen Rechtsausdruck geben. Gleichheit! Denn sie beziehen sich nur als Warenbesitzer aufeinander und tauschen Äquivalent für Äquivalent. Eigentum! Denn jeder verfügt nur über das Seine. Bentham! Denn jedem von den beiden ist es nur um sich zu tun. Die einzige Macht, die sie zusammen und in ein Verhältnis bringt, ist die ihres Eigennutzes, ihres Sondervorteils, ihrer Privatinteressen. Und eben weil so jeder nur für sich und keiner für den andren kehrt,

* Jeremy Bentham (1748–1832), englischer Jurist, Philosoph und Sozialreformer; Begründer des klassischen Utilitarismus.

vollbringen alle, infolge einer prästabilierten Harmonie der Dinge oder unter den Auspizien einer allpfiffigen Vorsehung, nur das Werk ihres wechselseitigen Vorteils, des Gemeinnutzens, des Gesamtinteresses.

(*Das Kapital*)

Jeremias Bentham ist ein rein englisches Phänomen. Selbst unsern Philosophen Christian Wolf* nicht ausgenommen, hat zu keiner Zeit und in keinem Land der hausbackenste Gemeinplatz sich jemals so selbstgefällig breitgemacht. Das Nützlichkeitsprinzip war keine Erfindung Benthams. Er reproduzierte nur geistlos, was Helvétius und andere Franzosen des 18. Jahrhunderts geistreich gesagt hatten. Wenn man z. B. wissen will, was ist einem Hunde nützlich?, so muss man die Hundenatur ergründen. Diese Natur selbst ist nicht aus dem »Nützlichkeitsprinzip« zu konstruieren. Auf den Menschen angewandt, wenn man alle menschliche Tat, Bewegung, Verhältnisse usw. nach dem Nützlichkeitsprinzip beurteilen will, handelt es sich erst um die menschliche Natur im allgemeinen und dann um die in jeder Epoche historisch modifizierte Menschennatur. Bentham macht kein Federlesens. Mit der naivsten Trockenheit unterstellt er den modernen Spießbürger, speziell den

* Christian Wolf (1679–1754).

englischen Spießbürger, als den Normalmenschen. Was diesem Kauz von Normalmensch und seiner Welt nützlich, ist an und für sich nützlich. An diesem Maßstab beurteilt er dann Vergangenheit, Gegenwart und Zukunft. Z.B. die christliche Religion ist »nützlich«, weil sie dieselben Missetaten religiös verpönt, die der Strafkodex juristisch verdammt. Kunstkritik ist »schädlich«, weil sie ehrbare Leute in ihrem Genuss an Martin Tupper* stört usw. Mit solchem Schund hat der brave Mann, dessen Devise: »nulla dies sine linea«**, Berge von Büchern gefüllt. Wenn ich die Courage meines Freundes H. Heine hätte, würde ich Herrn Jeremias*** ein Genie in der bürgerlichen Dummheit nennen.

(*Das Kapital*)

Wie die medizinischen Wundermänner und Wunderkuren auf der Unbekanntschaft mit den Gesetzen der natürlichen, so fußen die sozialen Wundermänner und Wunderkuren auf der Unbekanntschaft mit den Gesetzen der sozialen Welt.

(Marx/Engels, *Die deutsche Ideologie*)

* Martin Farquhar Tupper (1810–1889), englischer Autor und Poet.

** Kein Tag ohne Strich.

*** Gemeint ist Jeremy Bentham.

Es ist eine unzweifelhafte Tatsache, dass die Maschinerie an sich nicht verantwortlich ist für die »Freisetzung« der Arbeiter von Lebensmitteln. Sie verwohlfeilert* und vermehrt das Produkt in dem Zweig, den sie ergreift, und lässt die in anderen Industriezweigen produzierte Lebensmittelmasse zunächst unverändert. Nach wie vor ihrer Einführung besitzt die Gesellschaft also gleich viel oder mehr Lebensmittel für die deplacierten Arbeiter, ganz abgesehn von dem enormen Teil des jährlichen Produkts, der von Nichtarbeitern vergeudet wird. Und dies ist die Pointe der ökonomischen Apologetik!

Die von der kapitalistischen Anwendung der Maschinerie untrennbaren Widersprüche und Antagonismen existieren nicht, weil sie nicht aus der Maschinerie selbst erwachsen, sondern aus ihrer kapitalistischen Anwendung! Da also die Maschinerie an sich betrachtet die Arbeitszeit verkürzt, während sie kapitalistisch angewandt den Arbeitstag verlängert, an sich die Arbeit erleichtert, kapitalistisch angewandt ihre Intensität steigert, an sich ein Sieg des Menschen über die Naturkraft ist, kapitalistisch angewandt den Menschen durch die Naturkraft unterjocht, an sich den Reichtum des Produzenten vermehrt, kapitalistisch angewandt ihn verpaupert**

* macht es billiger.

** arm macht.

usw., erklärt der bürgerliche Ökonom einfach, das Ansichbetrachten der Maschinerie beweise haarscharf, dass alle jene handgreiflichen Widersprüche bloßer Schein der gemeinen Wirklichkeit, aber an sich, also auch in der Theorie gar nicht vorhanden sind. Er spart sich so alles weitre Kopfzerbrechen und bürdet seinem Gegner obendrein die Dummheit auf, nicht die kapitalistische Anwendung der Maschinerie zu bekämpfen, sondern die Maschinerie selbst.

(*Das Kapital*)

Der Vulgärökonom hat nie die einfache Reflexion angestellt, dass jede menschliche Handlung als »Enthaltung« von ihrem Gegenteil aufgefasst werden kann. Essen ist Enthaltung von Fasten, Gehn Enthaltung von Stehn, Arbeiten Enthaltung von Faulenzen, Faulenzen Enthaltung von Arbeiten etc. Die Herren täten wohl, einmal nachzudenken über Spinozas: Determinatio est negatio*.

(*Das Kapital*)

Und die erste fremde Nation, die »Das Kapital« übersetzt, ist die russische. Aber man muss das alles nicht hoch anschlagen. Die russische Aristokratie wird auf deutschen Universitäten und zu Paris, in ihrer Jünglingszeit, erzogen. Sie hascht immer nach

* Jede Bestimmung ist eine Negation.

dem Extremsten, was der Westen liefert. Es ist reine Gourmandise*, wie ein Teil der französischen Aristokratie sie während des 18. Jahrhunderts trieb. Ce n'est pas pour les tailleurs et les bottiers**, sagte Voltaire*** damals von seiner eignen Aufklärung.

(*An Ludwig Kugelmann, 12. Oktober 1868*)

Ich dehne diesen Band [des Kapitals] mehr aus, da die deutschen Hunde den Wert der Bücher nach dem Kubikinhalt schätzen.

(*An Friedrich Engels, 18. Juni 1862*)

Es gibt eine große Tatsache, die für dieses unser 19. Jahrhundert bezeichnend ist, eine Tatsache, die keine Partei zu leugnen wagt. Auf der einen Seite sind industrielle und wissenschaftliche Kräfte zum Leben erwacht, von der keine Epoche der früheren menschlichen Geschichte je eine Ahnung hatte. Auf der anderen Seite gibt es Verfallssymptome, welche die aus der letzten Zeit des Römischen Reiches berichteten Schrecken bei weitem in den Schatten stellen.

[...] Die Siege der Wissenschaft scheinen erkauft

* Feinschmeckerei.

** Das ist nichts für Schneider und Schuster.

*** Voltaire, eigentl. François Marie Aronet (1694–1778), Schriftsteller und Philosoph der französischen und europäischen Aufklärung.

durch Verlust an Charakter. In dem Maße, wie die Menschheit die Natur bezwingt, scheint der Mensch durch andre Menschen oder durch seine eigne Niedertracht unterjocht zu werden. Selbst das reine Licht der Wissenschaft scheint nur auf dem dunklen Hintergrund der Unwissenheit leuchten zu können.

(*Rede auf der Jahresfeier des People's Paper am 14. April 1856 in London*)

Die Wahrheit ist allgemein, sie gehört nicht mir, sie gehört allen, sie hat mich, ich habe sie nicht. Mein Eigentum ist die Form, sie ist meine geistige Individualität, Le style c'est l'homme*.

(*Bemerkungen über die neueste preußische Zensurinstruktion*)

Diese Skizze über den Gang meiner Studien im Gebiet der politischen Ökonomie soll nur beweisen, dass meine Ansichten, wie man sie immer beurteilen mag und wie wenig sie mit den interessierten Vorurteilen der herrschenden Klasse übereinstimmen, das Ergebnis gewissenhafter und langjähriger Forschung sind. Bei dem Eingang in die Wissenschaft aber, wie beim Eingang in die Hölle, muss die Forderung gestellt werden:

* Der Stil macht den Menschen aus. Am Stil erkennt man den Menschen.

Qui si convien lasciare ogni sospetto
Ogni viltà convien che qui sia morta.*

(*Zur Kritik der politischen Ökonomie*)

Jedes Urteil wissenschaftlicher Kritik ist mir willkommen. Gegenüber den Vorurteilen der sog. öffentlichen Meinung, der ich nie Konzessionen gemacht habe, gilt mir nach wie vor der Wahlspruch des großen Florentiners**:

Segui il tuo corso, e lascia dir le genti!***

(*Das Kapital*)

* »Hier musst du allen Zweifelmut ertöten, hier ziemt sich keine Zagheit fürderhin.« (Dante, *Göttliche Komödie, III* 14–15).

** Dante Alighieri (1265–1321) Dichter und Philosoph; Verfasser der berühmten *Göttlichen Komödie.*

*** Gehe deinen Weg, und lass die Leute reden!

VI

»Vom Kopf auf die Füße«
Oder wie man Menschen in Hüte und Hüte in Ideen verwandelt

Hegel bemerkt irgendwo, dass alle großen weltgeschichtlichen Tatsachen und Personen sich sozusagen zweimal ereignen. Er hat vergessen hinzuzufügen: das eine Mal als Tragödie, das andere Mal als Farce.

(*Der 18. Brumaire des Louis Bonaparte*)

Die Griechen werden ewig unsre Lehrer bleiben wegen dieser grandiosen objektiven Naivität, die jede Sache gleichsam ohne Kleider im reinen Lichte ihrer Natur, sei es auch ein getrübtes Licht, leuchten lässt.

(*Epikureische Philosophie, Sechstes Heft*)

Wie es in der Philosophiegeschichte Knotenpunkte gibt, die sie in sich selbst zur Konkretion erheben, die abstrakten Prinzipien in eine Totalität befassen und so den Fortgang der graden Linie abbrechen, so gibt es auch Momente, in welchen die Philosophie die Augen in die Außenwelt kehrt, nicht mehr begreifend, sondern als eine praktische Person gleichsam Intrigen mit der Welt spinnt, aus dem durchsichtigen

Reiche des Amenthes* heraustritt und sich ans Herz der weltlichen Sirene** wirft.

(*Epikureische Philosophie, Sechstes Heft*)

Der Schuster Jakob Böhme*** war ein großer Philosoph. Manche Philosophen von Ruf sind nur große Schuster.

(*Debatten über Pressefreiheit und Publikation der Landständischen Verhandlungen*)

Kugelmann† hat mir zu meinem Geburtstag zwei Stück Tapete aus dem Arbeitszimmer von Leibniz†† geschickt, was mich sehr amüsiert hat. Nämlich L[eibniz'] Haus ist niedergerissen worden letzten Winter und die dummen Hannoveraner – die in

* Koptische Bezeichnung für das Jenseits der Alten Ägypter (*Duat*).

** Wesen in der griechischen Mythologie, das durch seinen Gesang vorbeifahrende Seeleute anlockte (vgl. Homer, *Odyssee* 12, 39–54).

*** Jakob Böhme (1575–1624), deutscher Mystiker, Philosoph und christlicher Theosoph [Theosophie = religiöse Bestrebung, Gott oder das Göttliche auf dem Weg intuitiver Schauung zu suchen]. Hegel nannte ihn den »ersten deutschen Philosophen«.

† Louis Kugelmann.

†† Gottfried Wilhelm Leibniz (1646–1716), deutscher Philosoph.

London ein Geschäft mit den Reliquien hätten machen können – haben alles weggeschmissen. Diese zwei Stück stellen jedes etwas Mythologisches dar, das eine Neptun in seinen Wogen etc. und das andre Venus, Amor etc., ganz im schlechten Louis XIV.-Geschmack. Dagegen bewährt sich die Güte (Solidität) der damaligen Manufakturarbeit, verglichen mit der jetzigen. Ich habe beide Sachen in meinem Arbeitszimmer aufgehangen. You know my admiration for* L[eibniz].

(*An Friedrich Engels, 10. Mai 1870*)

Bei dem Studium der span. Scheiße bin ich denn auch dem würdigen Chateaubriand** auf die Sprünge gekommen, diesem Schönschreiber, der aufs widerlichste den vornehmen Skeptizismus und Voltairianismus des XVIII. Jahrhunderts mit dem vornehmen Sentimentalismus und Romantizismus des XIX. vereint. Diese Verbindung musste *stilistisch* natürlich in Frankreich Epoche machen, obgleich selbst im Stil das Falsche, trotz der artistischen Kunststücke, oft in die Augen springt. Was den *politischen* Kerl angeht, so hat er sich selbst völlig zur Schau gestellt in seinem »Congrès de Vérone«, und es fragt sich nur, ob er »ba-

* Du kennst meine Bewunderung für.

** François-René de Chateaubriand (1768–1848), französischer Schriftsteller, Politiker und Diplomat.

res Geld« von Alexander Pawlowitsch* erhielt oder bloß durch flatteries**, denen der eitle Geck wie kein anderer zugänglich, gekauft wurde. Den Andreas-Orden hat er, at all instances*** von Petersburg erhalten. Die vanitas† des Herrn »Vicomte« (?) guckt aus allen Poren heraus, trotz seinem bald mephistophelisch, bald christlich kokettierenden Gespiel mit der vanitatum vanitas††. Du weißt, dass zur Zeit des Kongresses Villèle Premierminister des Ludwig XVIII., Chateaubriand französischer Gesandter in Verona war.

[...]

(*An Friedrich Engels, 26. Oktober 1854*)

Der Schelling††† ist, wie Sie wissen, 38tes Bundesmitglied [im *Deutschen Bund*]. Die ganze deutsche Polizei steht zu seiner Disposition, wovon ich selbst einmal als Redakteur der *Rheinischen Zeitung* die Erfahrung gemacht habe.

[...]

(*An Ludwig Feuerbach, 3. Oktober 1843*)

* dem Zar Alexander I.

** Schmeicheleien.

*** auf alle Fälle.

† Eitelkeit.

†† Eitelkeit der Eitelkeit.

††† Friedrich Wilhelm Joseph Schelling (1775–1854), berühmter Philosoph der Romantik.

Meine dialektische Methode ist der Grundlage nach von der Hegelschen nicht nur verschieden, sondern ihr direktes Gegenteil. Für Hegel ist der Denkprozess, den er sogar unter dem Namen Idee in ein selbständiges Subjekt verwandelt, der Demiurg* des Wirklichen, das nur seine äußere Erscheinung bildet. Bei mir ist umgekehrt das Ideelle nichts andres als das im Menschenkopf umgesetzte und übersetzte Materielle.

Die mystifizierende Seite der Hegelschen Dialektik habe ich vor beinah 30 Jahren, zu einer Zeit kritisiert, wo sie noch Tagesmode war. Aber grade als ich den ersten Band des »Kapital« ausarbeitete, gefiel sich das verdrießliche, anmaßliche und mittelmäßige Epigonentum, welches jetzt im gebildeten Deutschland das große Wort führt, darin, Hegel zu behandeln, wie der brave Moses Mendelssohn zu Lessings Zeit den Spinoza** behandelt hat, nämlich als »toten Hund«. Ich bekannte mich daher offen als Schüler jenes großen Denkers und kokettierte sogar hier und da im Kapitel über die Werttheorie mit der ihm eigentümlichen Ausdrucksweise. Die Mystifikation, welche die Dialektik in Hegels Händen erleidet, verhindert in keiner Weise, dass er ihre allgemeinen Bewegungsformen zuerst in umfassender und bewusster

* der Schöpfergott.
** Baruch de Spinoza.

Weise dargestellt hat. Sie steht bei ihm auf dem Kopf. Man muss sie umstülpen, um den rationellen Kern in der mystischen Hülle zu entdecken.

In ihrer mystifizierten Form ward die Dialektik deutsche Mode, weil sie das Bestehende zu verklären schien. In ihrer rationellen Gestalt ist sie dem Bürgertum und seinen doktrinären Wortführern ein Ärgernis und ein Greuel, weil sie in dem positiven Verständnis des Bestehenden zugleich auch das Verständnis seiner Negation, seines notwendigen Untergangs einschließt, jede gewordne Form im Flusse der Bewegung, also auch nach ihrer vergänglichen Seite auffasst, sich durch nichts imponieren lässt, ihrem Wesen nach kritisch und revolutionär ist.

(*Das Kapital*)

Der Fürst musste also in der gesetzgebenden Gewalt die Mitte zwischen der Regierungsgewalt und dem ständischen Element bilden, allein die Regierungsgewalt ist ja die Mitte zwischen ihm und der ständischen und die ständische zwischen ihm und der bürgerlichen Gesellschaft. Wie sollte er das untereinander vermitteln, dessen er zu seiner Mitte nötig hat, um kein einseitiges Extrem zu sein? Hier tritt das ganze Ungereimte dieser Extreme, die abwechselnd bald die Rolle des Extrems, bald die Mitte spielen, hervor. Es sind Janusköpfe*, die sich bald von vorn, bald von hinten zeigen und vorn einen anderen Charakter haben als hinten. Das, was zuerst als Mitte zwischen zwei Extremen bestimmt, tritt nun selbst als Extrem auf, und das eine der zwei Extreme, das durch es mit dem anderen vermittelt war, tritt nun wieder als Mitte (weil in *seiner Unterscheidung* von dem anderen Extrem) zwischen sein Extrem und seine Mitte. Es ist eine wechselseitige Bekomplimentierung**. Wie wenn ein Mann zwischen zwei Streitende tritt und nun wieder einer der Streitenden zwischen den vermittelnden Mann und den Streitenden. Es ist die Geschichte von dem Mann und der Frau, die sich stritten, und von dem Arzt, der als Vermittler zwischen sie treten wollte, wo nun wieder die Frau den Arzt mit ihrem Mann und der Mann seine Frau mit dem Arzt vermitteln musste. Es ist wie der Löwe im »Sommernachtstraum***«, der ausruft: »Ich bin Löwe, und ich bin nicht Löwe, sondern Schnock.« So ist hier jedes Extrem bald der Löwe des Gegensatzes, bald der Schnock der Vermittelung. Wenn das eine Extrem ruft: »Jetzt bin ich Mitte«, so dürfen es die beiden anderen nicht anrühren, sondern nur nach dem andren schlagen, das eben Extrem war. Man sieht, es ist eine Gesellschaft, die kampflustig im Herzen ist, aber zu sehr die blauen

* nach dem griechischen Gott Janus, der zwei Gesichter hatte.
** hier: Ergänzung.
*** In Shakespeares gleichnamigem Stück.

Flecke fürchtet, um sich wirklich zu prügeln, und die beiden, die sich schlagen wollen, richten es so ein, dass der Dritte, der dazwischentritt, die Prügel bekommen soll, aber nun tritt wieder einer der beiden als der Dritte auf, und so kommen sie vor lauter Behutsamkeit zu keiner Entscheidung. Dieses System der Vermittelung kommt auch so zustande, dass derselbe Mann, der seinen Gegner prügeln will, ihn nach den andren Seiten gegen andre Gegner vor Prügeln beschützen muss und so in dieser doppelten Beschäftigung nicht zur Ausführung seines Geschäftes kommt. Es ist merkwürdig, dass Hegel, der diese Absurdität der Vermittelung auf ihren abstrakten, logischen, daher unverfälschten, untransigierbaren* Ausdruck reduziert, sie zugleich als *spekulatives Mysterium* der Logik, als das vernünftige Verhältnis, als den Vernunftschluss bezeichnet. Wirkliche Extreme können nicht miteinander vermittelt werden, eben weil sie wirkliche Extreme sind. Aber sie bedürfen auch keiner Vermittelung, denn sie sind entgegengesetzten Wesens. Sie haben nichts miteinander gemein, sie verlangen einander nicht, sie ergänzen einander nicht. Das eine hat nicht in seinem eigenen Schoß die Sehnsucht, das Bedürfnis, die Antizipation des andern.

(*Kritik des Hegelschen Staatsrechts*)

* unübertragbaren.

Auf diese Weise wird denn auch der Eindruck des *Mystischen* und *Tiefen* hervorgebracht. Es ist sehr vulgär, dass der Mensch geboren worden ist; und dass dies durch die physische Geburt gesetzte Dasein zum sozialen Menschen etc. wird bis zum Staatsbürger herauf; der Mensch wird durch seine Geburt alles, was er wird. Aber es ist sehr tief, es ist frappant*, dass die Staatsidee unmittelbar geboren wird, in der Geburt des Fürsten sich selbst zum empirischen Dasein herausgeboren hat. Es ist auf diese Weise kein Inhalt gewonnen, sondern nur die *Form* des alten Inhalts verändert. Er hat eine philosophische *Form* erhalten, ein philosophisches Attest.

Eine andere Konsequenz dieser mystischen Spekulation ist, dass ein *besondres* empirisches Dasein, ein einzelnes empirisches Dasein im Unterschied von den andern als das *Dasein* der *Idee* gefasst wird. Es macht wieder einen tiefen mystischen Eindruck, ein *besondres* empirisches Dasein von der Idee gesetzt zu sehen und so auf allen Stufen einer Menschwerdung Gottes zu begegnen.

[…]

Und es versteht sich von selbst. Der wahre Weg wird auf den Kopf gestellt. Das Einfachste ist das Verwickeltste und das Verwickeltste das Einfachste. Was Ausgang sein sollte, wird zum mystischen Re-

* in Erstaunen versetzend, auffallend, frappierend.

sultat, und was rationelles Resultat sein sollte, wird zum mystischen Ausgangspunkt.

(*Kritik des Hegelschen Staatsrechts*)

Die einzige philosophische Bestimmung, die Hegel über die *Regierungsgewalt* gibt, ist die der »*Subsumtion**« des Einzelnen und Besonderen unter das Allgemeine etc.

Hegel begnügt sich damit. Auf der einen Seite: Kategorie »Subsumtion« des Besondern etc. Die muss verwirklicht werden. Nun nimmt er irgendeine der empirischen Existenzen des preußischen oder modernen Staats (wie sie ist mit Haut und Haar), welche unter anderm auch diese Kategorie verwirklicht, obgleich mit derselben nicht ihr spezifisches Wesen ausgedrückt ist. Die angewandte Mathematik ist auch Subsumtion etc. Hegel fragt nicht, ist dies die vernünftige, die adäquate Weise der Subsumtion? Er hält nur die *eine* Kategorie fest und begnügt sich damit, eine entsprechende Existenz für sie zu finden. Hegel gibt *seiner Logik einen politischen Körper*; er gibt nicht die *Logik des politischen Körpers* (§ 287).

(*Kritik des Hegelschen Staatsrechts*)

* der Unterordnung.

In Hegels Geschichtsphilosophie, wie in seiner Naturphilosophie, gebiert der Sohn die Mutter, der Geist die Natur, die christliche Religion das Heidentum, das Resultat den Anfang.

(Marx/Engels, *Die heilige Familie*)

Wichtig ist, dass Hegel überall die Idee zum Subjekt macht und das eigentliche, wirkliche Subjekt, wie die »politische Gesinnung«, zum Prädikat. Die Entwicklung geht aber immer auf Seite des Prädikats vor.

(*Kritik des Hegelschen Staatsrechts*)

Wenn ich mir aus den wirklichen Äpfeln, Birnen, Erdbeeren, Mandeln die allgemeine Vorstellung »*Frucht*« bilde, wenn ich weitergehe und mir *einbilde*, dass meine aus den wirklichen Früchten gewonnene abstrakte Vorstellung »*die* Frucht« ein außer mir existierendes Wesen, ja das *wahre* Wesen der Birne, des Apfels etc. sei, so erkläre ich – *spekulativ* ausgedrückt – »*die* Frucht« für die »*Substanz*« der Birne, des Apfels, der Mandel etc. Ich sage also, der Birne sei es unwesentlich, Birne, dem Apfel sei es unwesentlich, Apfel zu sein. Das Wesentliche an diesen Dingen sei nicht ihr wirkliches, sinnlich anschaubares Dasein, sondern das von mir aus ihnen abstrahierte und ihnen untergeschobene Wesen, das Wesen meiner Vorstellung, »*die* Frucht«. Ich erkläre dann Apfel, Birne, Mandel etc. für bloße Existenzweisen, Modi »*der* Frucht«. Mein endlicher, von den Sinnen unterstützter Verstand *unterscheidet* allerdings einen Apfel von einer Birne und eine Birne von einer Mandel, aber meine spekulative Vernunft erklärt diese sinnliche Verschiedenheit für unwesentlich und gleichgültig. Sie sieht in dem Apfel *dasselbe* wie in der Birne und in der Birne dasselbe wie in der Mandel, nämlich »*die* Frucht«. Die besondern wirklichen Früchte gelten nur mehr als *Schein*früchte, deren wahres Wesen »*die* Substanz«, »*die* Frucht« ist.

Man gelangt auf diese Weise zu keinem besondern *Reichtum* an *Bestimmungen*. Der Mineraloge, dessen ganze Wissenschaft sich darauf beschränkt, dass alle Mineralien in Wahrheit *das* Mineral sind, wäre ein Mineraloge – in *seiner* Einbildung. Bei jedem Mineral sagt der spekulative Mineraloge »*das* Mineral«, und seine Wissenschaft beschränkt sich darauf, dies Wort so oft zu wiederholen, als es wirkliche Minerale gibt.

Die Spekulation, welche aus den verschiednen wirklichen Früchten *eine »Frucht«* der Abstraktion – *die* »Frucht« gemacht hat, muss daher, um zu dem Schein eines wirklichen Inhaltes zu gelangen, auf irgendeine Weise versuchen, von *der* »Frucht«, von der *Substanz* wieder zu den wirklichen *verschiedenartigen* profanen Früchten, zu der Birne, dem Apfel, der Mandel etc. zurückzukommen. So leicht es nun ist, aus wirklichen Früchten die abstrakte Vorstellung »*die* Frucht« zu erzeugen, so schwer ist es, aus der abstrakten Vorstellung »*die* Frucht« wirkliche Früchte zu erzeugen. Es ist sogar unmöglich, von einer Abstraktion zu dem *Gegenteil* der Abstraktion zu kommen, wenn ich die Abstraktion nicht *aufgebe*.

Der spekulative Philosoph gibt daher die Abstraktion *der* »Frucht« wieder auf, aber er gibt sie auf eine *spekulative*, *mystische* Weise auf, nämlich mit dem Schein, als ob er sie *nicht* aufgebe. Er geht daher auch wirklich nur zum Scheine über die Abstraktion hinaus. Er räsoniert etwa wie folgt:

Wenn der Apfel, die Birne, die Mandel, die Erdbeere in Wahrheit nichts anders als »*die* Substanz«, »*die* Frucht« sind, so fragt es sich, wie kommt es, dass »*die* Frucht« sich mir bald als Apfel, bald als Birne, bald als Mandel zeigt, woher kommt dieser *Schein* der *Mannigfaltigkeit*, der meiner spekulativen Anschauung von der *Einheit*, von »*der* Substanz«, von »*der* Frucht« so sinnfällig widerspricht?

Das kommt daher, antwortet der spekulative Philosoph, weil »*die* Frucht« kein totes, unterschiedsloses, ruhendes, sondern ein lebendiges, sich in sich unterscheidendes, bewegtes Wesen ist. Die Verschiedenheit der profanen Früchte ist nicht nur für *meinen* sinnlichen Verstand, sondern für »*die* Frucht« selbst, für die spekulative Vernunft, von Bedeutung. Die verschiednen profanen Früchte sind verschiedne Lebensäußerungen der »*einen* Frucht«, sie sind Kristallisationen, welche »*die* Frucht« selbst bildet. Also z. B. in dem Apfel gibt sich »*die* Frucht« ein apfelhaftes, in der Birne ein birnenhaftes Dasein. Man muss also nicht mehr sagen, wie auf dem Standpunkt der Substanz: die Birne ist »*die* Frucht«, der Apfel ist »die Frucht«, die Mandel ist »die Frucht«, sondern vielmehr: »*die* Frucht« setzt sich als Birne, »*die* Frucht« setzt sich als Apfel, »*die* Frucht« setzt sich als Mandel, und die Unterschiede, welche Apfel, Birne, Mandel voneinander trennen, sind eben die Selbstunterscheidungen »*der Frucht*« und machen die besondern Früchte eben zu unterschiednen Gliedern im Lebensprozesse »*der* Frucht«. »*Die* Frucht« ist also keine inhaltslose, unterschiedslose Einheit mehr, sie ist die Einheit als *Allheit*, als »*Totalität*« der Früchte, die eine »*organisch gegliederte Reihenfolge*« bilden. In jedem Glied dieser Reihenfolge gibt »*die* Frucht« sich ein entwickelteres, ausgesprocheneres Dasein, bis sie endlich als die »Zusammenfassung« aller Früchte zugleich die lebendige *Einheit* ist, welche jeder derselben ebenso in sich aufgelöst enthält als aus sich erzeugt, wie z. B. alle Glieder des Körpers beständig in Blut sich auflösen und beständig aus dem Blut erzeugt werden.

Man sieht: wenn die christliche Religion nur von *einer* Inkarnation* Gottes weiß, so besitzt die spekula-

* Fleischwerdung.

tive Philosophie soviel Inkarnationen, als es Dinge gibt, wie sie hier in jeder Frucht eine Inkarnation der Substanz, der absoluten Frucht besitzt. Das Hauptinteresse für den spekulativen Philosophen besteht also darin, die *Existenz* der wirklichen profanen Früchte zu erzeugen und auf geheimnisvolle Weise zu sagen, dass es Äpfel, Birnen, Mandeln und Rosinen gibt. Aber die Äpfel, Birnen, Mandeln und Rosinen, die wir in der spekulativen Welt wiederfinden, sind nur mehr *Schein*äpfel, *Schein*birnen, *Schein*mandeln und *Schein*rosinen, denn sie sind Lebensmomente »*der* Frucht«, dieses abstrakten *Verstandeswesens*, also selbst abstrakte *Verstandeswesen*. Was sich daher in der Spekulation freut, ist, alle wirklichen Früchte wiederzufinden, aber als Früchte, die eine höhere mystische Bedeutung haben, die, aus dem Äther deines Gehirns und nicht aus dem materiellen Grund und Boden herausgewachsen, die Inkarnationen »*der* Frucht«, des *absoluten Subjekts* sind. Wenn du also aus der Abstraktion, dem *übernatürlichen* Verstandeswesen »*die* Frucht«, zu den wirklichen *natürlichen* Früchten zurückkehrst, so gibst du dagegen den natürlichen Früchten auch eine übernatürliche Bedeutung und verwandelst sie in lauter Abstraktionen. Dein Hauptinteresse ist es eben, die Einheit »*der* Frucht« in allen diesen ihren Lebensäußerungen, dem Apfel, der Birne, der Mandel, nachzuweisen, also den *mystischen Zusammenhang* dieser Früchte, und wie in jeder derselben »*die* Frucht« sich *stufenweise* verwirklicht und *notwendig*, z. B. aus ihrem Dasein als Rosine, zu ihrem Dasein als Mandel fortgeht. Der Wert der profanen Früchte besteht daher auch *nicht mehr* in ihren *natürlichen* Eigenschaften, *sondern* in ihrer *spekulativen* Eigenschaft, wodurch sie eine bestimmte Stelle im Lebensprozesse »*der* absoluten Frucht« einnehmen.

Der gewöhnliche Mensch glaubt nichts Außerordentliches zu sagen, wenn er sagt, dass es Äpfel und Birnen gibt. Aber der Philosoph, wenn er diese Existenzen auf spekulative Weise ausdrückt, hat etwas *Außerordentliches* gesagt. Er hat ein *Wunder* vollbracht, er hat aus dem unwirklichen *Verstandeswesen* »*die* Frucht« die wirklichen *Naturwesen*, den Apfel, die Birne etc. erzeugt, d. h. er hat aus seinem *eignen abstrakten Verstand*, den er sich als ein absolutes Subjekt außer sich, hier als »*die* Frucht« vorstellt, diese Früchte *geschaffen*, und in jeder Existenz, die er ausspricht, vollzieht er einen Schöpfungsakt.

Es versteht sich, dass der spekulative Philosoph diese fortwährende Schöpfung nur zuwege bringt, indem er allgemein bekannte, in der wirklichen Anschauung sich vorfindende Eigenschaften des Apfels, der Birne etc. als von ihm *erfundne* Bestimmungen einschiebt, indem er dem, was allein der abstrakte Verstand schaffen kann, nämlich den abstrakten Verstandesformeln, die *Namen* der wirklichen Dinge gibt; indem er endlich seine *eigne* Tätigkeit, wodurch *er* von der Vorstellung Apfel zu der Vorstellung Birne *übergeht*, für die *Selbsttätigkeit* des absoluten Subjekts, »*der* Frucht«, erklärt.

Diese Operation nennt man in spekulativer Redeweise: die *Substanz* als *Subjekt*, als *inneren Prozess*, als *absolute Person* begreifen, und dies Begreifen bildet den wesentlichen Charakter der *Hegelschen* Methode.

[...]

(Marx/Engels, *Die heilige Familie*)

Ein sehr tiefgründiger, doch etwas phantasiereicher Erforscher der Bewegungsgesetze der Menschheit* [...].

(*Die Revolution in China und in Europa*)

Wenn der Engländer die Menschen in Hüte verwandelt, so verwandelt der Deutsche die Hüte in Ideen. Der Engländer ist Ricardo, der reiche Bankier und ausgezeichnete Ökonom. Der Deutsche ist Hegel, simpler Professor der Philosophie an der Universität zu Berlin.

(Marx/Engels, *Das Elend der Philosophie*)

* Gemeint ist Georg Wilhelm Friedrich Hegel (1770–1831).

VII

Anekdoten

Strenge Rüge

Den Auftrag zur Ausarbeitung des »Kommunistischen Manifests« hatten Marx und Engels im Dezember 1847 von der Zentralbehörde des Bundes der Kommunisten in London erhalten. Da Marx inzwischen in Brüssel wohnte, Engels jedoch in Paris, verzögerte sich die Arbeit, und man wurde nicht rechtzeitig fertig.

Aus London, wo man ungehalten war, traf ein Brief der Zentralbehörde an die Kreisbehörde Brüssel ein, den man Marx mit ernster Miene übergab. Er sollte umgehend das »Manifest« schicken, verlangte man, »anderenfalls würden weitere Maßregeln gegen ihn ergriffen«.

Kennerschaft

Da Marx ein leidenschaftlicher Raucher war, befand er sich immer auf der Suche nach billigen Sorten, die, von seinen Freunden gefürchtet, seinen Geschmack völlig verdarben.

Er behauptete aber, ein großer Zigarrenkenner zu sein. Seine Freunde ärgerte das. Sie erwarben eine

© Roland Beier, Berlin

Zigarre der allerbilligsten Sorte und gaben sie bei Marx als echte Havanna aus.

Der rauchte die Wunderzigarre und war selig. Tage später offenbarten die Freunde den Betrug.

»Der beginnt erst jetzt«, behauptete Marx steif und fest, »natürlich war es eine echte Havanna.«

Weltkenntnis

Als Marx bei Kugelmanns in Hannover zu Gast war, äußerte die liebenswürdige und gebildete Frau des Hauses in einem Gespräch, sie könne sich ihn nicht in einer alles gleichmachenden Zeit vorstellen, er habe durchaus aristokratische Neigungen und Gewohnheiten.

»Ich auch nicht«, stimmte Marx ihr bei, »diese Zeiten werden kommen, aber wir müssen dann fort sein.«

Trotz Kampfansage

Der Besuch seines einstigen Lehrers und Freundes, des inzwischen geistig wie körperlich vergreisten Hegelianers Bruno Bauer, im Jahr 1855 in London enttäuschte Karl Marx stark. Bauers harmlos naive Schwärmerei für die Landwirtschaft als Quelle des Reichtums einer Nation sowie seine Begeisterung für

Bülows* Kriegskunst erstaunten ihn dabei weniger als seine reaktionäre Einstellung zum sozialen Problem. Bauer behauptete, die Arbeiter seien Pöbel und nur mit Gewalt und List zu bändigen. Von Zeit zu Zeit könne man ihnen einen Silbergroschen zulegen, damit sei alles abgemacht. »Ohnehin ist es in Deutschland mit eurem Klassenkampf längst vorbei!« stellte er anmaßend fest. Der dabeisitzende Engels war empört; er wollte hochfahren und widersprechen. Doch blieb Marx ruhig, und das hielt auch ihn zurück. Als aber Bauer gegangen war, verwunderte er sich über Marx' Geduld. »Warum soll ich ihn zu einem Kampf herausfordern, den er doch nicht besteht«, entgegnete Marx, »und den er möglicherweise, wenn er sich erregt, nicht einmal überlebt? Mit Gegnern muss man kämpfen, wenn sie stark und gefährlich sind – mit Fossilien auf keinen Fall!«

Nicht glaubwürdig

Die mütterliche Ahnenreihe von Jenny Marx reichte nach Schottland und in den Bereich revolutionärer

* Adam Heinrich Dietrich Freiherr von Bülow (1757–1807), deutscher Militärschriftsteller und Publizist; zu seinen Hauptwerken zählt sein 1799 erschienenes Buch *Vom Geist des neuern Kriegssystems hergeleitet aus dem Grundsatze einer Basis der Operationen auch für Laien in der Kriegskunst.*

Geschichte: Einer ihrer Vorfahren hatte für die Einführung der Reformation den Scheiterhaufen bestiegen, ein anderer, der Earl Archibald Argyll, war als Rebell im Freiheitskampf gegen Jakob II. auf dem Marktplatz von Edinburgh enthauptet worden.

Von dem Familiensilber des letzteren nun waren eine Anzahl schwerer Silberlöffel, gut 300 Jahre alt, mit dem Wappen der Familie und dem Motto »Wahrheit ist mein Wahlspruch« auf die Familie Westphalen und von dort zu Frau Marx gekommen. Die Löffel wurden, der revolutionären Tradition und ihres hohen Silbergewichtes wegen, in der Familie hoch geschätzt.

Endlich ging der erste Löffel einen von Marx oft beschrittenen Weg – den in ein Londoner Pfandhaus. Der Pfandleiher musterte das ungewohnte Angebot, nahm die Lupe, studierte das Wappen, das Motto, den Silberstempel, dann Marx, murmelte »unzweifelhaft echt« und rief umgehend die Polizei.

Diskreter Hinweis

Ein Bielefelder Wäschefabrikant namens Gustav Meyer kam zufällig in den Besitz des »Kapitals«. Interessiert, diesen Gegenstand näher kennenzulernen, las er in dem Buch, war überrascht, sein eigenes Tun erklärt zu sehen, und gelangte, streng logisch folgernd, zu dem Schluss, der Verfasser müsse früher selbst Fabrikant gewesen sein und Nähmaschinen eingesetzt haben. Dieses Resultat teilte er Marx in einem Brief mit.

Der las das Schreiben und war amüsiert.

»Wenn die Leute nur wüssten«, meinte er, »wie wenig ich von all dem Zeug weiß.«

Ernste Warnung

Ein russischer Freund, Maxim Kowalewski, sandte Marx für den zweiten Band des »Kapitals« laufend amtliche Angaben über das russische Eisenbahnwesen, den Gang der Kreditoperationen, den Zustand in der Landwirtschaft und ähnliches mehr. Seinem Drang nach Vollkommenheit folgend, arbeitete Marx auch dieses Material sofort auf. Die nächsten Bände des »Kapitals« verzögerten sich so immer wieder.

Nach einer Weile griff Frau Marx ein. »Ich werde Sie bestrafen«, sagte sie zu Kowalewski, als dieser sie in London besuchte, »wenn Sie Marx weiterhin daran hindern, fertig zu werden, indem Sie ihm Unterlagen schicken, setze ich Ihnen keine Hammelkoteletts mehr vor.«

Resteverwertung

Die englische Regierung hatte Inspektoren eingesetzt, um die Zustände in den Fabriken untersuchen zu lassen, die ständig schreienden Anlass zur Klage gaben. Die Inspektoren waren ebenso sachverständige wie unparteiische Männer – sie fassten ihre wahrheitsgemäßen Berichte in Blaubüchern zusammen und gaben sie an die Abgeordneten weiter. Diese wussten eine ausgezeichnete Verwendung: Sie benutzten sie als Zielscheiben bei Schießübungen oder warfen sie auf den Müll.

Ein englischer Professor stellte später fest, dass lediglich ein Mann in ganz England die Blaubücher systematisch gelesen und ausgewertet hatte – Marx. Er hatte sie bei einem Altwarenhändler meterweise gekauft.

Gefährliche Drohung

Da Marx das Manuskript für den ersten Band des »Kapitals« ständig überarbeitete, verschob sich der Termin der Fertigstellung immer wieder. Sein Verleger wurde ungeduldig und fand, Marx sei träge.

Er setzte sich hin und schrieb an Marx folgenden Brief: »Ihr Manuskript ›Das Kapital‹, das für uns zu schreiben Sie sich verpflichtet haben, ist seit 18 Monaten überfällig. Falls wir das Manuskript nicht innerhalb der nächsten 6 Monate erhalten, sehen wir uns leider genötigt, einen anderen Autor mit der Arbeit zu beauftragen.«

Hohe Kunst

Nachdem der erste Band des »Kapitals« erschienen war, wurde er von der bürgerlichen Presse totgeschwiegen; Marx sann, zusammen mit seinem Freund Engels, auf Abhilfe.

Der mobilisierte die gemeinsamen Freunde, und die ersten Kritiken erschienen. Sie waren schwach und erfassten das Problem nicht. Aber was noch schlimmer war – auch die Verrisse blieben miserabel.

Endlich wurde es besser. In der deutschen Presse erschienen mehrere glänzende Rezensionen, wenn auch von verschiedenen Standpunkten aus. Marx las sie, erkannte in den sozialistischen sofort seinen Freund Engels und bedankte sich bei ihm. Der war betrübt.

»Was«, sagte er, »und für meine bürgerlichen Kritiken lobst du mich nicht?«

Nachlasser

Bis zu seinem eigenen Tod am 5. August 1895 widmete sich Engels Marx' nachgelassenen Manuskripten und Notizen für den zweiten und dritten Band des *Kapitals*. Band 2 erschien in Deutschland im Juli 1885, Band 3 im November 1894. Die erste offizielle englische Übersetzung des *Kapitals* kam 1887, verkaufte sich aber schlecht. Ein besseres Schicksal war drei Jahre später einer englischsprachigen Raubversion in New York beschieden. Die erste Auflage von fast 5000 Exemplaren war sofort vergriffen – vielleicht weil der Verlag eine Ankündigung unter die Bankiers der Wall Street in Umlauf brachte, die besagte, das Buch beschriebe, »wie Kapital akkumuliert wird«.

Kein Marxist

Als Marx Ende der 1870er Jahre zu Ohren kam, dass in Frankreich eine neue Partei behauptete, marxistisch zu sein, wollte er auf keinen Fall mit ihnen in Verbindung gebracht werden, wie Engels in einem Brief an den Ökonomen Conrad Schmidt bezeugte. Marx Worte waren: »Tout ce que je sais, c'est que je ne suis pas Marxiste.« – »Alles, was ich weiß, ist, dass ich kein Marxist bin.«

Altersweise

Marx reagierte nun kaum mehr heftig auf Kritik, er spürte kein Verlangen mehr, jede Verleumdung seiner

Marx, Ende April 1882, ein Jahr vor seinem Tod
(Aufnahme: E. Duterte, Algier).

Gegner zu dementieren. Einem Reporter von der *Chicago Tribune* erklärte er 1878: »Wenn ich alles bestritte, was über mich gesagt und geschrieben worden ist, brauchte ich eine ganze Schar von Sekretären.« Sogar eine mangelhafte »Biographie« über ihn, die 1881 in einem holländischen Verlag erschien, erregte ihn nicht. Als ihn eine niederländische Zeitschrift ersuchte, sich dazu zu äußern, antwortete er nur: »Ich antworte prinzipiell auf solche Wanzenbisse nicht. Als ich jünger war, schlug ich manchmal heftig ein, aber das Alter bringt soweit Weisheit, dass man nutzlose dissipation of force (Kraftvergeudung) vermeidet.«

Kahlköpfiger

Im Algier bot Marx seine kostbare Haarpracht einem Frisör an. »Vor der Sonne habe ich den Prophetenbart und die Kopfperücke weggeräumt«, teilte er Engels am 28. April mit. Ein glatzköpfiger, glattrasierter Marx ist kaum vorstellbar, und es ist davon auch kein Foto für die Nachwelt überliefert.

Totgesagt

Im September 1871 verbreitete die Pariser Presse die Nachricht, dass der Kopf und Chef der Internationale, Karl Marx, unerwartet verstorben sei. Freund und

Feind widmeten ihm daraufhin lange, hier wie dort achtungsvolle Nachrufe, die Karl sehr aufmerksam und mit besonderem Vergnügen las. Nur seine Angehörigen waren betroffen. Jenny vermutete irgendeinen Hinterhalt, und Lenchen schimpfte lauthals. Doch Karl tröstete sie: »Wer schon zu Lebzeiten begraben wird, der überlebt seine Zeit!«

Zeittafel

1818 5. Mai: Karl Marx wird in Trier als drittes Kind des Advokaten Heinrich Marx (urspr. Heschel Marx Levi Mordechai) und seiner Frau Henriette, geb. Presburg, geboren.

1830–35 Marx besucht das Gymnasium zu Trier und legt zusammen mit seinem Freund und späteren Schwager Edgar von Westphalen mit 17 Jahren das Abitur ab

1835 15. Oktober: Immatrikulation und Studium der Rechtswissenschaften und der Kameralistik an der Universität Bonn.

1836 Heimliche Verlobung mit Jenny von Westphalen (1814–1881).

22. Oktober: Immatrikulation an der juristischen Fakultät der Berliner Universität.

1841 15. April: Mit der Dissertation über die »Differenz der demokritischen und epikureischen Naturphilosophie« wird Marx in Abwesenheit zum Doktor der Philosophie an der Philosophischen Fakultät der Universität Jena promoviert.

1842 15. Oktober: Marx wird Chefredakteur der in Köln erscheinenden *Rheinische Zeitung für Politik, Handel und Gewerbe.*

16. November: Erstes kurzes Zusammentreffen mit Friedrich Engels in der Kölner Redaktion. Weil Engels jedoch als Parteigänger der Berliner Linkshegelianer gilt, von denen sich Marx aufgrund deren »theologischen Propaganda und Atheismus usw. statt [...] politischer Diskussion und Aktion« bereits entfremdet hat, verläuft die Begegnung daher unterkühlt.

1843 17. März: Marx tritt der Zensurverhältnisse wegen sowohl als Chefredakteur als auch als Mitarbeiter der *Rheinischen Zeitung* zurück.

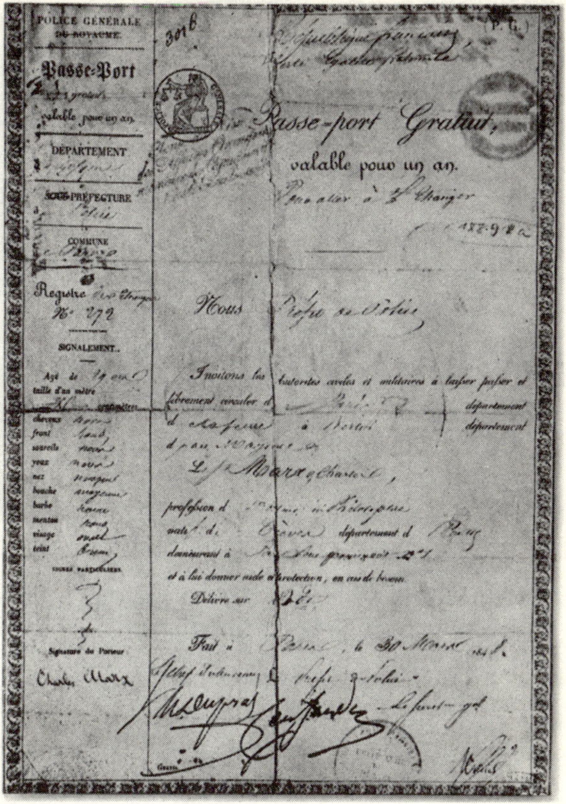
POLICE GÉNÉRALE DU ROYAUME

Passe-Port

valable pour un an.

DÉPARTEMENT

SOUS-PRÉFECTURE

COMMUNE

Registre

SIGNALEMENT.

Âgé de
taille d'un mètre
cheveux
front
sourcils
yeux
nez
bouche
barbe
menton
visage
teint

SIGNES PARTICULIERS.

Signature du Porteur

Charles Marx

Passe-port Gratuit,

valable pour un an.

Nous

Invitons les autorités civiles et militaires à laisser passer et librement circuler d département département

Le S. Marx, Charles,

profession d

natif de département d

demeurant à

et à lui donner aide et protection, en cas de besoin.

Délivré sur

Fait à , le 30 Mars 1848.

Marx' Reisepass

19. Juni: Heirat mit Jenny von Westphalen. Aus der Ehe gehen sieben Kinder hervor, von denen allerdings nur die drei Töchter Jenny, Laura und Eleanor die ersten Jahre überleben

Herbst: Marx gibt zusammen mit Arnold Ruge (1881–1945) die *Deutsch-Französischen Jahrbücher* heraus.

Oktober: Übersiedelung nach Paris.

Dezember: Marx lernt in Paris den Dichter Heinrich Heine (1797–1856) kennen. Sie bleiben zeitlebens freundschaftlich verbunden.

1844 Marx verfasst die *Ökonomisch-philosophischen Manuskripte* (auch als »Pariser Manuskripte« bezeichnet). Marx entwickelt hier erstmals ausführlich seine an Hegel angelehnte Theorie der »entfremdeten Arbeit«.

März: Marx und Engels nehmen nach der Arbeit an den *Deutsch-Französischen Jahrbüchern* einen Briefwechsel auf.

1. Mai: Tochter Jenny wird geboren.

Juli: Marx lernt in Paris Pierre Joseph Proudhon (1809–1865), einen der führenden Köpfe des Anarchismus, kennen.

August–Dezember: Marx trifft mit dem russischen Revolutionär und Anarchisten Michail Bakunin (1814–1876) zusammen.

1845 Ende Februar: Die von Marx und Engels gemeinsam verfasste Streitschrift *Die heilige Familie, oder Kritik der kritischen Kritik. Gegen Bruno Bauer & Consorten* erscheint.

26. September: Geburt der Tochter Laura.

1. Dezember: Marx legt seine preußische Staatsbürgerschaft nieder und wird staatenlos.

1845–47 Zusammen mit Engels und Moses Hess (1812–1875) arbeitet Marx das Manuskriptkonvolut *Die deutsche*

Ideologie aus. Zusammen mit den 1845 von Marx verfassten, ebenfalls zu Lebzeiten unveröffentlichten *Thesen über Feuerbach* gilt *Die deutsche Ideologie* als ein Schlüsselwerk des Historischen Materialismus.

1847 Anfang Juli: Marx' Streitschrift *Misère de la philosophie. Réponse à la philosophie de la misère de M. Proudhon* (dt.: *Das Elend der Philosophie. Antwort auf Proudhons »Philosophie des Elends«*, 1884/85) erscheint in Brüssel.

29. November – 10. Dezember: Teilnahme am 2. Kongress des Bundes der Kommunisten in London. Marx erhält den Auftrag, das »Manifest der Kommunistischen Partei« zu verfassen.

1848 22. Februar: Ausbruch der Pariser Februarrevolution

Ende Februar: Das *Manifest der Kommunistischen Partei* erscheint in London.

März: Beginn der Deutschen Revolution von 1848/49 (auch als »Märzrevolution« bezeichnet).

31. Mai – 1. Juni: In Köln erscheint unter der Chefredaktion von Marx die *Neue Rheinische Zeitung. Organ der Demokratie*, in der u. a. in Teilen Marx' unvollendet gebliebene Schrift *Lohnarbeit und Kapital* abgedruckt wird.

1849 16. Mai: Marx erhält einen Ausweisungsbefehl.

18. Mai: Die letzte Nummer der *Neuen Rheinischen Zeitung* (Nr. 301) erscheint. Marx emigriert mit seiner Familie nach Paris.

August: Familie Marx verlässt Frankreich und geht nach London.

1850/51 Marx arbeitet in der Bibliothek des British Museum intensiv an ökonomischen Studien – das Ergebnis: 14 umfangreiche Hefte mit Exzerpten.

1850–53 *Die Klassenkämpfe in Frankreich 1848 bis 1850* (1850), *Der achtzehnte Brumaire des Louis Bonaparte* (1852) und *Enthüllungen über den Kommunistenprozess zu Köln* (1852) erscheinen.

1850 März: Die Familie wird wegen Mietrückständen zwangsexmittiert und der gesamte Haushalt gepfändet.

Mai: Marx trifft erstmals mit Wilhelm Liebknecht zusammen.

19. November: Guido, Marx' zweiter Sohn, stirbt im Alter von einem Jahr an einem Krampfanfall.

1851 23. Juni: Helene Demuth (1820–1890), die Haushälterin der Familie Marx, bringt Karl Marx' unehelichen Sohn Frederick (1851–1929) zur Welt.

August: Marx erhält den Auftrag zur Mitarbeit an der *New-York Daily Tribune*. Bis 1862 erscheinen dort offiziell unter der Autorenschaft von Marx ca. 500 Artikel, die allerdings zu einem nicht geringen Teil von Friedrich Engels verfasst wurden.

1852 14. April: Die einjährige Tochter Franziska stirbt.

Oktober: Eröffnung des Kölner Kommunistenprozesses. Der Prozess richtet sich gegen die Mitglieder der Kölner Sektion des Bundes der Kommunisten und zieht sich aus Mangel an Beweisen über fast zwei Jahre hin.

1853 Marx' Schrift *Enthüllungen über den Kommunistenprozess zu Köln* erscheint in Basel und Boston.

1855 16. Januar: Tochter Eleanor wird geboren.

6. April: Marx' Sohn Edgar (geb. 1847) stirbt.

1857 6. Juli: Das siebte Kind von Jenny und Karl Marx wird tot geboren.

1857/58 Arbeit an den *Grundrissen der Kritik der politischen Ökonomie*, quasi einem Rohentwurf für Marx' Hauptwerk *Das Kapital.*

1859 Juni: *Zur Kritik der politischen Ökonomie. Erstes Heft* erscheint im Berliner Verlag Franz Duncker in einer Auflage von 1000 Exemplaren. Mit dieser Arbeit veröffentlicht Marx erstmals Grundzüge seiner Theorie der kapitalistischen Produktionsweise.

1863 30. November: Tod der Mutter.

1864 2. September: Marx erhält die Nachricht, dass Ferdinand Lassalle am 30. August bei einem Duell tödlich verwundet worden ist.

28. September: Gründung der Internationale Arbeiterassoziation (IAA; auch als »Erste Internationale« bezeichnet); Marx wird als Vertreter Deutschlands in das provisorische Komitee gewählt.

Oktober: Marx lehnt die Bitte der Gräfin von Hatzfeld (1805–1881), die in einem damals spektakulären Scheidungsprozess erfolgreich von Lassalle als Anwalt vertreten wurde, ab, eine Würdigung Lassalles zu verfassen.

1865 Marx tritt aus dem maßgeblich von Lassalle gegründeten und geprägten Allgemeinen Deutschen Arbeiterverein (ADAV) aus. Der ADAV schließt sich später mit der Sozialdemokratischen Arbeiterpartei zur Sozialistischen Arbeiterpartei Deutschlands (Vorläuferpartei der späteren SPD) zusammen.

1866 3.–8. September: 1. Kongress der Internationale in Genf. Der *Genfer Kongress* bestätigt die von Marx ausgearbeiteten Statuten und formuliert u. a. die Forderung des 8-Stunden-Arbeitstages.

1867 2.–8. September: 2. Kongress der Internationale in Lausanne. Marx kann nicht teilnehmen, weil er an den letzten Korrekturen des *Kapitals* arbeitet.

14. September: In einer Auflage von 1000 Exemplaren erscheint der erste Band des *Kapitals* im Hamburger Verlag Meißner (den zweiten Band gibt Friedrich Engels 1885 und den dritten Band 1894 heraus).

1868 2. April: Tochter Laura und Paul Lafargue (1842–1911) heiraten.

8.–13. September: 3. Kongress der Internationale in Brüssel. Heftige Auseinandersetzung mit Bakunin.

1869 6.–12. September: 4. Kongress der Internationale in Basel. Die Konferenz ist vor allem durch die Konfrontation zwischen den Positionen der Proudhonisten sowie der kollektivistisch-anarchistischen Position Bakunins auf der einen und Karl Marx' Position auf der anderen Seite geprägt.

1871 Pariser Kommune.

Juni/Juli: Der *Bürgerkrieg in Frankreich* erscheint in englischer Sprache; Engels besorgt die deutsche Übersetzung.

17.–23. September: Konferenz der Internationale in London.

1871/72 Die *Ergänzungen und Veränderungen zum ersten Band des Kapital* erscheinen; sie enthalten vor allem neue grundsätzliche Überlegungen zur Werttheorie.

1872 2.–7. September: 5. Kongress der Internationale in Den Haag. Spaltung zwischen Anarchisten und Marxisten. Der Generalrat der IAA wird nach New York verlegt, was allerdings faktisch die Auflösung der Ersten Internationale bedeutet.

10. Oktober: Tochter Jenny und Charles Longuet (1839–1903) heiraten.

1872/73 Der erste Band des *Kapitals* erscheint in zweiter Auflage. Marx arbeitet fünf Jahre lang an einer französischen Ausgabe des ersten Bandes; diese Arbeit veranlasst ihn, vor allem den Abschnitt über die »Akkumulation« erheblich umzuarbeiten und zu ergänzen. Die französische Ausgabe erschien in den Jahren 1872–75 (zunächst in Teilen, 1875 dann als Buch).

1874–77 Wiederholt Kuraufhalte in Karlsbad und im Schwarzwald.

1875 April/Mai: Marx verfasst die *Kritik des Gothaer Programms* (1891 postum veröffentlicht).

1881 2. Dezember: Frau Jenny Marx stirbt nach langem Krebsleiden.

1882 Reisen nach Frankreich, in die Schweiz und nach Algier.

1883 11. Januar: Tochter Jenny, verh. Longuet, stirbt in Paris.

14. März: Marx stirbt nachmittags in seiner Wohnung 41 Maitland Park Road.

17. März: Auf dem Londoner Friedhof Highgate wird Marx beerdigt. Engels hält die Grabrede.

1895 5. August: Friedrich Engels stirbt in London.

1898 31. März: Im Alter von 43 Jahren wählt Eleanor, die mit dem Sozialisten Edward Aveling zusammenlebte, in London den Freitod. Eleanor galt ab 1880 als die eigentliche Sekretärin ihres Vaters.

1911 26. November: Laura und Paul Lafargue begehen nach einem Opernbesuch in Paris gemeinsam Suizid.

Textnachweise

MEW	Karl Marx / Friedrich Engels: Werke. Berlin: Karl Dietz Verlag, 1950–1990.
MEGA	Karl Marx / Friedrich Engels: Gesamtausgabe Berlin: Dietz Verlag, 1984, 1987.
AKM	Befreien wir sie von den Hirngespinsten. Anekdoten über Karl Marx. Hrsg. von Margarete Drachenberg. Berlin: Eulenspiegel-Verlag, 2008. – © 2008 Eulenspiegel Verlag, Berlin.
BUB	Georg W. Pijet: Die Bombe unterm Bett. Anekdoten um Marx und Engels und deren Zeitgenossen. Halle (Saale): Mitteldeutscher Verlag, 1972. – © Akademie der Künste zu Berlin, Georg-W.-Pijet-Archiv.
MA	André Müller: Halten Sie den Kopf hin! Marx-Anekdoten. Berlin: Eulenspiegel-Verlag, 1983. Mit Genehmigung von André Müller, Köln.

Die Texte folgen den genannten Ausgaben. Sie werden hier unter Angabe von Band- und Seitenzahl mit den angegebenen Siglen der Werktitel zitiert. Die Orthographie wurde behutsam modernisiert.

I

»Alles andre ist Faselei« Über Moral, Glaube und andere »Hirngespinste«

15 1 MEW 4,135. | 2 MEW 2,213. | 3 MEW 3,363. | 16 1 MEW 2,126. | 2 MEW 1,386. | 3 MEW 9,225. | 4 MEW 4,477. | 17 1 MEW 4,479. | 2 MEW 3,26. | 18 1 MEW 1,378. | 2 MEW 3,13. | 3 MEW 26.3,441 f. | 20 1 MEW 23,292. | 2 MEW 6,104. | 3 MEW 2,7. | 21 1 MEW 2,116. | 2 MEW 1,379. | 3 MEW 382. | 4 MEW 1,385 f. | 24 1 MEW 1,380. | 2 MEW 1,381. | 3 MEW 3,404. | 25 1 MEW 30,627. | 2 MEW 8,115. | 26 1 MEW 3,126 f. | 2 MEW 23,430 f. | 28 MEW 1,97 f. | 30 MEW 3,13. | 31 MEW 3,432. | 32 1 MEW 3,30. | 2 MEW 32,553. | 3 MEW 13,637. | 33 1 MEW 32,51. | 2 MEW 3,76. |3 MEW 4,337. | 34 MEW 32,583.

II

»Meine Frau tut mir leid« Old Nick in Familie

35 1 MEW 27,142. | 2 MEGA III/4,5. | 36 1 MEGA III/4,24. | 2 MEGA III/4,37. | 37 MEGA III/4,84. | 38 MEGA III/4,160. | 39 1 MEGA III/4,170. | 2 MEGA III/4,187. | 40 MEGA III/5,60. | 41 1 MEW 28,554. | 2 MEW 28,128 f. | 43 MEW 28,147. | 44 1 MEW 28,161f. | 2 MEW 28,363. | 45 1 MEW 29,343. | 2 MEW 29,385. | 46 1 MEW 30,159. | 2 MEW 30,198. | 3 MEW 30,319 | 47 MEW 31,597. | 49 MEW 31,178 | 50 MEW 31,182. | 51 MEW 31,253. | 52 MEW 31,477. | 53 MEW 31,506–508. | 55 MEW 31,527 f. | 56 MEW 31,287f. | 58 MEW 32,544 f. | 60 1 MEW 31,360. | 2 MEW 32,308. | 61 MEW 32,348f. | 62 MEW 32,614. | 63 MEW 32,632 f. | 65 MEW 32,655f. | 66 MEW 33,112 | 69 MEW 33,116f. | 70 MEW 35,186. | 71 1 MEW 35,240. | 2 MEW 35,256.

III

»Bauer, Stirner und Konsorten«
Über falsche Freunde und beste Feinde

72 1 MEW 2,97 f. | 2 MEW 28,508. | 73 MEW 33,83 f. | 74 1 MEW 29,548. | 2 MEW 27,574. | 75 1 MEW 32,18. | 2 MEW 3,435. | 76 MEW 32,685 f. | 78 MEW 29,93 f. | 79 1 MEW 29,411. | 2 MEW 28,63. | 80 MEW 2,118 f. | 81 MEW 3,18 ff. | 83 MEW 3,217 ff. | 84 MEW 27,412. | 86 MEW 27,426 f. | 88 MEW 2,85–91. | 90 MEW 31,290. | 91 1 MEW 30,249. | 2 MEW 30,665. | 92 1 MEW 32,284. | 2 MEW 13,472 f. | 97 MEW 34,193. | 98 1 MEW 2,85. | 2 MEW 3,379.

IV

»Die parlamentarische Weisheit im Kern«
Über Politiker, Parteisoldaten und andere Kandidaten

99 1 MEW 13,527. | 2 MEW 35,157. | 3 MEW 8,190. | 100 1 MEW 8,144. | 2 MEW 4,557. | 3 MEW 23,82. | 101 1 MEW 1,248 f. | 2 MEW 1,256. | 102 1 MEW 8,173. | 2 MEW 8,197 f. | 103 MEW 4,465. | 104 1 MEW 15,124. | 2 MEW 19,30. | 105 1 MEW 25,614. | 2 MEW 1,402. | 3 MEW 19,29. | 4 MEW 8,507 f. | 107 MEW 26.1,364. | 108 MEW 4,487. | 109 1 MEW 8,123. | 2 MEW 19,162. | 110 MEW 19,162. | 111 1 MEW 4,477. | 2 MEW 19,18. | 3 MEW 19,28. | 112 1 MEW 19,13. | 2 MEW 1,51. | 3 MEW 1,51. | 4 MEW 19,27. | 113 MEW 29,27f. | 114 1 MEW 29,132. | 2 MEW 29,234. | 116 1 MEW 29,267. | 2 MEW 29,274. | 118 1 MEW 29,450. | 2 MEW 30,32. | 119 1 MEW 30,157. | 2 MEW 30,162f. | 120 MEW 30,257–259. | 122 1 MEW 31,175. | 2 MEW 32,278. | 123 1 MEW 32,331. | 2 MEW 32,437f. | 124 1 MEW 18,50. | 2 MEW 32,512. | 125 MEW 35,110.

V

»Klopffechterei« und »Plusmacherei« Über das ökonomische Getriebe

126 1 MEW 23,647. | 2 MEW 23,247. | 3 MEW 29,229. | 4 MEW 7,42. | 128 1 MEW 23,309. | 2 MEW 23,788. | 3 MEW 23,784. | 4 MEW 6,410 f. | 129 1 MEW 23,183. | 2 MEW 4,469. | 3 MEW 6,420 f. | 4 MEW 42,196. | 130 1 MEW 4,469. | 2 MEW 25,351 f. | 3 MEW 6,410. | 4 MEW 23,191 f. | 131 1 MEW 4,466. | 2 MEW 4,466. | 132 1 MEW 23,193. | 2 MEW 23,801. | 133 1 MEW 23,505. | 2 MEW 23,285 f. | 134 1 MEW 42,545. | 2 MEW 4,489. | 135 1 MEW 23,16. | 2 MEW 25,614. | 136 1 MEW 25,524. | 2 MEW 42,90. | 137 MEW 25,787. | 138 1 MEW 25,825. | 2 MEW 23,115. | 139 MEW 26.1,273 f. | 141 MEW 23,19 ff. | 142 1 MEW 23,95. | 2 MEW 23,562. | 143 MEW 23,189 f. | 144 MEW 23,636 f. | 145 MEW 3,523. | 146 MEW 23,184. | 147 1 MEW 23,623. | 2 MEW 35,567. | 148 1 MEW 30,248. | 2 MEW 12,3 f. | 149 1 MEW 1,5. | 2 MEW 13,11. | 150 MEW 23,17.

VI

»Vom Kopf auf die Füße« Oder wie man Menschen in Hüte und Hüte in Ideen verwandelt

151 1 MEW 8,115. | 2 MEW Erg.-Bd. 1. T., 235. | 3 MEW Erg.-Bd. 1. T., 215. | 152 1 MEW 1,72. | 2 MEW 32,504. | 153 MEW 28,404. | 154 MEW 27,419. | 155 MEW 23,27 f. | 156 MEW 1, 291 f. | 159 MEW 1,241 f. | 160 MEW 1,250. | 161 1 MEW 2,178. | 2 MEW 1,209. | 3 MEW 2,59–63. | 167 1 MEW 9,95. | 2 MEW 4,125.

VII

Anekdoten

168 1 MA 23. | 2 MA 43. | 170 1 MA 65. | 2 BUB 83. | 171 MA 48 f. | 172 MA 76. | 173 MA 77. | 174 1 MA 71. | 2 MA 72. | 175 1 MA 74. | 2 AKM 116. | 176 1 AKM 109. | 2 AKM 105. | 178 1 AKM 113. | 2 BUB 116.